**BIS** · best interiors selection

# new bars cafés & pubs in italy

Silvio San Pietro · Annamaria Scevola

EDIZIONI
L'ARCHIVOLTO

CONCEPT AND DEVELOPMENT
Silvio San Pietro

TEXTS
Annamaria Scevola

EDITING
Paolo Fasoli
Paola Gallo
Carlotta Sembenelli

PHOTOGRAPHY
Emilio Conti, Cozzi & Scribani, Paola De Pietri, Margherita Del Piano e Claudio Navone, Alberto Ferrero, Luigi Gariglio, Beppe Gernone, Olimpia Lalli, Sandro Lanciotti, Vittorio Mazzola, Moggi e Tani, Angelo Nitti, Simone Parri, Matteo Piazza, Romano Segna, Studio BBM, Studio Ciccotti

GRAPHIC DESIGN
Silvio San Pietro

LAYOUT
Imago (Marina Moccheggiani)

TRANSLATIONS
Andrew Ellis

Fotolito: Grafiche San Patrignano - Rimini   Stampa: Euroteam - Nuvolera (BS)   Legatura: Pedrelli - Parma

[ISBN 88-7685-158-5]



EDIZIONI L'ARCHIVOLTO
Via Marsala, 3 - 20121 Milano - Italy
Tel. +39 02 29010424 - +39 02 29010444
Fax +39 02 29001942 - +39 02 6595552
www.archivolto.com
archivolto@archivolto.com

I edition january 2001 hardback
I edition may 2005 paperback

# INDICE GENERALE
# CONTENTS

# MUTAZIONI E CONTAMINAZIONI

Caffè, bar, disco e american bar, pub, soft piano bar, cocktail lounge, show restaurant, sono i termini che identificano altrettante tipologie nell'insieme polisemico dei luoghi pubblici, di ritrovo, diurni e notturni raccolti in questo libro che si pone l'obiettivo di mappare la realtà italiana contemporanea. Indissolubilmente intrecciati all'evoluzione dei consumi e delle attività del tempo libero, i modelli contemporanei dei locali sono evoluti dalle matrici tradizionali del bar e del caffè integrando e modificando la loro fisionomia nel segno della flessibilità e della multifunzionalità.
Spesso utilizzati dal vocabolario quotidiano come sinonimi, i termini bar e caffè identificano invece luoghi pubblici di ritrovo profondamente diversi segnati dalla storia sociale e del costume.
Più antico, il caffè viene definito come "locale in cui si servono al pubblico oltre all'infuso da cui esso prende il nome, gelati, bibite, pasticceria. La forma e l'aspetto del caffè subiscono attraverso i tempi un'evoluzione analoga a quella della sua importanza nella vita pubblica e privata. Fino a tutto il secolo scorso il caffè era costituito da una o più sale a livello della strada in diretta comunicazione con la via o la piazza sulle quali si estendeva allineando all'aperto tavoli e sedie. Nel Settecento l'interno delle sale riceveva spesso una gaia decorazione a base di specchi, stucchi, pitture di cui alcuni caffè di Venezia danno ancora esempi ammirevoli. Nell'Ottocento con l'accresciuta importanza di simili locali predominò la tendenza ad aumentarne l'ampiezza a scapito spesso della decorazione. Ai nostri giorni il caffè di grandi dimensioni, luogo di ritrovo e di stazionamento al centro della città è stato quasi del tutto soppiantato da un locale analogo ma più piccolo, il bar".[1]
Proposto al pubblico alla fine dell'Ottocento il bar raggiunge, invece, ampia popolarità negli anni Trenta, periodo in cui viene definito come locale "ove si prendono liquori o bevande diverse stando in piedi oppure seduti su sgabelli".[2]
Debita risposta a un mutamento dei consumi, il bar dapprima si costituisce come zona integrativa degli spazi del caffè per poi sostituirsi quasi integralmente a esso. Le due tipologie rispondono così a comportamenti, tempi e modalità di consumo e di sosta opposti a cui corrisponde una necessaria, diversa organizzazione spaziale e dell'arredo.
Nel caffè ci si siede e ci s'intrattiene mentre nel bar si consuma frettolosamente; se il caffè è paragonabile al salotto di casa, allo spazio comune "domestico collettivo" il bar assume connotati di un negozio dove il consumo è comparabile a un acquisto; il caffè offre i suoi spazi laddove il bar offre i suoi prodotti, l'uno luogo di ritrovo, l'altro luogo di passaggio.
Il bar deriva dal termine inglese "sbarra" che in origine divideva gli avventori dal banco e, oggi individua il locale dove si servono bevande in cui il barman è ancora separato dal pubblico per mezzo del bancone. Quest'ultimo è una delle componenti d'arredo che, al pari dei tavolini e delle sedute, potremmo definire invariante nella tipologia del bar e nelle formule da esso derivate. Nella maggior parte dei casi diventa il fulcro dell'organizzazione dello spazio, esibito, enfatizzato e generatore dei percorsi interni.
Se il bar si contraddistingue attraverso degli elementi invarianti, il caffè al contrario si declina con immagini eterogenee molto spesso legate alla cultura e alle tradizioni dei paesi in cui si trova.
Nell'evoluzione contemporanea di bar e caffè si è assistito a una progressiva multifunzionalizzazione dei locali che in primo luogo coniugano la funzione di bar e di caffè, come avveniva negli anni Trenta, a cui si aggiungono nuove funzioni un tempo delegate a locali specializzati. Il progetto è teso da alcuni anni a trovare forme rappresentative consone ai nuovi valori e ai servizi proposti, alla ricerca di un modello ideale e socialmente valido che possa dare origine a interni sorprendenti.
Lo scenario è mutato. Lo spazio pubblico è il luogo delle dissonanze, ma anche quello degli scambi, un luogo aleatorio. La comunicazione entra in gioco quale fondamento indispensabile per ogni tipo di convivialità e il locale diventa esso stesso una forma di comunicazione verso il target a cui è rivolto. Nella storia recente sono gli anni Ottanta che fanno proliferare un nuovo concetto di locale, nuovo tanto nel segno delle funzioni quanto nel segno dei linguaggi della rappresentazione.
Molti sono i progettisti che si sono espressi sulle nuove tipologie dei luoghi d'intrattenimento diurno e notturno sottraendoli dall'immagine delle scenografie tradizionali. Il processo di ridefinizione dei codici espressivi di bar e caffè ha seguito strade diverse, tutte proiettate però ad abbandonare i pesanti tendaggi in velluto, i colori cupi, le laccature lucide, le moquette e rivestimenti tessili che rispondevano al cliché degli anni Cinquanta e Sessanta a favore di una messa in scena contemporanea che verrà poi sperimentata anche nella tipologia dell'albergo.
Philippe Starck, Christian de Portzamparc, Bernard Tschumi, Coop Himmelblau, Denis Santachiara sono

solo alcuni tra i progettisti internazionali che hanno contribuito a offrire ai consumatori da Parigi a New York, da Tokio alla provincia italiana l'esperienza dell'emozione nella scena dei bar. Il caffè/bar aveva subìto negli anni un progressivo degrado di alcune espressioni linguistiche importanti; i neoclassici caffè letterari o caffè degli habituées diffusi in molte città italiane erano rimasti polverosi locali della memoria mentre nei caffè/bar che, all'aumentare del consumo, hanno invaso città e province, il grande assente sembrava proprio il progettista.

I temi in gioco nel progetto contemporaneo di questi luoghi, che si caratterizzano per tipologie nuove, spesso mutuate da altri contesti geografici, sono centrati sulle due categorie del durevole e dell'effimero che investono sia i locali del giorno sia quelli della notte. Questi ultimi connotati come luoghi della socialità in alternativa alla discoteca tout court. Più di altri spazi interni i locali d'intrattenimento diurni e notturni offrono l'occasione di sperimentare linguaggi e atmosfere nuove, fantastiche, ludiche, surreali con una libertà assoluta.

Più i locali sono vicini alla vita della notte più sono concepiti come sterminate scenografie allestitive che possono mutare, sono i luoghi dell'effimero fortemente contaminati dai trends della moda, dal gusto e dai consumi perlopiù giovanili.

Il progetto degli interni per locali notturni vive teso tra i due poli della funzionalità massima, poiché è sottoposto a sforzi enormi dall'uso della quantità di persone che lo affollano, e dell'intensità del consumo dell'immagine a cui è condizionato che lo induce a cambiare pelle con incessante velocità. C'è però una grande libertà nel progetto che si dota di una spettacolarità innovativa e magari rivoluzionaria che si colloca nel segno della sperimentazione. È una macchina per produrre spettacolo, quasi una forma d'arte totale, che controlla tutte le variabili del progetto da quelle tecnologiche all'immagine, dal corporate image al look. Abitare la notte è come liberare una dimensione dello spirito che si libera delle costrizioni dei ruoli sociali e produttivistici delle ore del giorno. Il luogo della notte può essere lo spazio carnevalesco esteso lungo tutto l'arco del fine settimana. Può essere il regno della trasgressione, ma innanzitutto è il luogo dove i giovani elaborano le proprie strategie del piacere, e dove, quindi, trovano libero sfogo anche il gioco della moda e dell'apparire.

Mutazioni e contaminazioni sono, in molti casi, il leit motif dei progetti contenuti in questo libro. Si tratta delle contaminazioni da scenari e immaginari d'oltreoceano, dai linguaggi del web utilizzati dalle tribù giovanili oppure da alcuni vocabolari artistici trattati sintatticamente come una narrazione. I progetti dei caffè, bar, disco in Italia restituiscono la mappa di una situazione tipica dell'architettura degli interni di questi anni: impossibili le classificazioni, possibile soltanto captare i frammenti peculiari delle diverse strade intraprese dal progetto. Si mantiene forte la matrice tipicamente italiana del rispetto del luogo e del contesto, molto spesso attraverso attenti lavori filologici di ripulitura dei manufatti storici, a cui segue il progetto della messa in scena caratterizzata, forte in cui materiali, arredi, finiture s'intrecciano in un'immagine globale. Città o province sono i teatri dei locali, senza differenze, tutti trattati come scena a servizio del consumo e della socialità contemporanea; personalissimi, mai anonimi, in sintonia con gli stili di vita e le "affinità elettive" dei consumatori.

I generi dei locali illustrati in questo libro sono numerosissimi: dallo storico caffè Pedrocchi restituito alla città attraverso un intervento filologico teso a ripristinare il progetto originario al caffè di derivazione americana tanto nell'immagine quanto nella tipologia come il Time Out di Civitavecchia in cui l'immaginario degli sport caratterizza tutto; dal caffè derivano le nuove tipologie: dall'osteria come il Nuvolari a Cuneo alla rinnovata tipologia del luogo di ristoro sulla strada per camionisti e viaggiatori come il Truckstop o al locale che appartiene a una catena che non è più un episodio è ma parte di un progetto d'immagine coordinata come il Peroni Music Cafè.

Annamaria Scevola

[1] Caffè, in *Enciclopedia Italiana di scienze, lettere ed arti,* Istituto Treccani, Milano, Rizzoli, 1930, Vol. VIII.

[2] Bar, in *Enciclopedia Italiana di scienze, lettere ed arti,* Istituto Treccani, Milano, Rizzoli, 1930, Vol. VI.

# MUTATION AND CONTAMINATION

The projects presented in this book cover the entire gamut of formulas for drinking and eating places, from the simpler, straightforward café-bar type to the elaborate live-music cocktail lounge, the mixed show-restaurant venue, or the combined eatery and discotheque – whether intended as places for a daytime break from routine, or as venues for entertainment all through the night.
Inextricably linked to trends in consumer behavior and the way people choose to spend their free time, the evolving horizon of today's bar, café and restaurant venues shows an increasing preference for flexible environments that comprise multiple, integrated functions.
Despite using the same terminology, the new configurations adopted by today's bars, cafés and coffee-shops are a far cry from their forerunners.
The 1930 edition of the classic Italian Treccani encyclopedia defines "café" as a facility in which patrons may enjoy the brew from which the name itself derives – coffee – but also other delights such as ice-cream, assorted beverages, and pastries. The entry continues with a description of the typical Italian coffee-house, having one or more rooms accessed from the street or town square, often spreading out onto the sidewalk with tables and chairs. In the 1700s, moreover, their elegant interiors boasted "an elaborate decor of mirrors, stuccowork, and paintings, of which Venice conserves several fine examples to this day."
We are then informed that in the following century the increase in custom entailed larger premises, often to the detriment of the decor, while the centrally located coffee-shop and traditional gathering-place was supplanted by the smaller type of outlet – the ubiquitous Italian café-bar, serving coffee, tea, non-alcoholic beverages, and liquor by the glass at either counter or table.[1]
Introduced at the end of the 1800s, the café-bar became a staple of the Italian townscape reaching its peak in the 1930s, during which it was "a place where one could enjoy spirits and assorted beverages either standing up or at bar-stools."[2]
In due response to the changes in daily custom, the bar section, formerly conceived as merely an adjunct to the coffee-shop, eventually took over from the latter entirely. The two types of meeting place responded to the contrasting rhythms of consumption by evolving two necessarily different kinds of layout and furnishings.
By definition, the coffee-house offers a place for relaxation, while the bar's whole idea is to offer speed of use, and while the coffee-house has its parallels with the sitting room at home, affording a collective lounge as it were, the bar is comparable to a shop, where consumption is akin to making a purchase. The one offers its space and a sense of recess and relaxation, while the other its products and an idea of transit.
The word "bar" of course stems from the English term for the horizontal element formerly dividing patrons from the serving area, and today refers to the type of drinks venue in which a barman still serves clients from behind a counter. This counter is one of the chief features of any bar design which, on a par with tables and chairs, goes toward determining the place's identity and thence the entire formula of its interiors. In most cases, the counter commands the room, becoming the pivot of the spatial distribution and scheme of circulation.
Whereas bar interiors conform to certain standard rules of design, the decor of the coffee-house is open to marked differences that are often determined by the culture and traditions of the town or country in which it is situated.
The parallel evolution of café-bars and coffee-houses witnessed a steady increase in the functional plurality of rooms that formerly grouped the bar with the coffee lounge, as had happened in the 1930s, to which were now added new functions formerly the reserve of more specialized meeting places. For a while, interior designs explored expressions more germane to the emerging attitudes and new services on offer, aiming for the appropriate social mood, often with surprising results.
The scenario itself of course had changed, and while public spaces are host to the bustle of everyday life they are also platforms for public interfacing, constantly shifting and indeterminate. In such contexts, communication becomes the linchpin for all forms of social exchange and the places themselves a medium of communication targeted to the end-user. More recently, in the 1980s entirely new concepts of meeting places emerged, novel both in the functions they offered and in their communication vernacular.
Many are the architects who explored the new types of daytime and nighttime entertainment venues, emancipating them from a format that had become routine. The reformulation of bar and coffee-house design proceeded along two quite separate routes, though in both cases they abandoned the heavy velvet drapes, deep tones and shiny lacquer fittings, carpeting and fabric wallpapers favored in the 1950s and

'60s, and instead strove for a more contemporary mood that would subsequently be experimented in hotel design.
Luminaries such as Philippe Starck, Christian de Portzamaprc, Bernard Tschumi, Coop Himmelblau, Denis and Santachiara were among the droves of international designers who offered the public from New York, Tokyo and Paris to the provinces of Italy a new exuberant type of venue in which a rendezvous became an event. Over the years the café-bar as a venue began to push certain icons of urban lifestyle off the map, such as the much-frequented neoclassical coffee-shop for literary gatherings that once graced many of Italy's cities. These were overwhelmed by the growing demand for café-bars in both town and provinces, in which design criteria were largely absent. The themes brought into play in these contemporary meeting places, which offer various new types of environment – often borrowed from other geographical contexts – pivot on the two categories of permanent and ephemeral, for both day- and night-time venues. Perhaps more than any other type of public space, places for entertainment offer almost unlimited terrain for experimenting design language to indulge in pure fantasy, creating surreal interior landscapes.
The more a given venue is oriented toward night life, the more it allows for unrestricted, adaptable installations that change over time, entailing environments that are markedly influenced by the emerging fashions of the younger consumer market.
The architecture of the interiors of night venues cuts a fine line between two basic criteria, the first entails a solid functional framework to cope with the throng of club-goers filling the premises each night, and the second requires interiors that are regularly stripped and updated with new visual appeal to keep drawing the crowds each year. Compensating the heavy demands on the architect, however, is the huge leeway for personal invention in designing a place that combines spectacular ideas and innovation which occasionally permit pure experimentation.
The entire venue becomes an outlet for a stream of ideas and imagery that reaches a total art-form in which all the features are tuned to communicating a look and feel of unmistakable corporate identity. Night entertainment is a state of mind, and involves shrugging off the constrictions of one's daily routine and donning a new social persona. The night venue becomes a theater for letting oneself go from Friday night through the entire weekend. True enough, it is sometimes a hotbed of transgression but it is principally a place where young people can play out their personal idea of enjoyment and give free rein to their concept of behavior, their style and the way they look.
The themes underlying this book principally concern mutation and contamination, that is the crossover of styles and modes of representation present on the other side of the Atlantic, including web graphics and the new chatroom jargon used by kids online, or rephrasing certain artistic idioms as a form of narrative. The projects for cafés, bars, and discotheques in Italy provide a map of the new standards emerging in the design field. Effectively, they elude categorization, and we can only gather up scattered fragments from the diverse approaches that architects are adopting in this area. Despite this, there are distinctly Italian hallmarks in terms of both place and context in that the majority of cases involve the conscientious rehabilitation of historical buildings and subsequent installation of interiors with a marked accent on materials, fittings and surface treatment that mesh closely with the overall identity of the place. Whether located in the city itself or in more far-flung districts these new venues provide arenas of contemporary consumer behavior and socializing, each one highly personalized, never anonymous and hence an apt expression of the "elective affinities" of today's consumer.
Among the wide range of types illustrated in this book are traditional Pedrocchi coffee-shop, painstakingly recontextualized after careful philological research to reinstate the original "American" tone and layout; and the Time Out café-bar in Civitavecchia with its playful accent on sport; other novelties include the new osteria-type of café exemplified by the Nuvolari in Cuneo; the unusual highway Truckstop eatery; and not least the Peroni Music Café, a chain-store outlet that sidesteps the problem of repetition and instead marks an "episode" in an unfolding corporate identity.

Annamaria Scevola

[1] Caffè, in *Enciclopedia Italiana di scienze, lettere ed arti,* Istituto Treccani, Milan, Rizzoli, 1930, Vol. VIII.

[2] Bar, in *Enciclopedia Italiana di scienze, lettere ed arti,* Istituto Treccani, Milan, Rizzoli, 1930, Vol. VI.

Daniela Bianchi
Alessandro Marcattilj

# ACTORS' BISTROT

Firenze

Un edificio del XIII secolo nel centro storico di Firenze, a pochi passi dalla Piazza del Duomo, ospita l'Actors' Bistrot. Un'occasione di progetto che ha offerto l'opportunità di esplorare il tema del rapporto tra la storia e il nuovo in un contesto in cui il valore e la qualità della tradizione si respirano in ogni edificio, nelle strutture come nei dettagli, nell'uso dei materiali e delle cromie. Il confronto con le strutture storiche all'interno dei locali ha condizionato la genesi del progetto nella configurazione dello spazio e dei volumi che si è intrecciata con la scelta dei materiali. L'intervento si pone l'obiettivo di raccontare una storia, quella contemporanea, che trasforma un locale duecentesco in un locale aperto al pubblico, adeguato funzionalmente in materia d'impianti, senza occultare la storia dell'edificio che si mostra attraverso le strutture lignee dei solai, negli archi in mattoni pieni delle strutture portanti. La chiave di volta del progetto è nella conformazione della controsoffittatura ad arco ribassato, in parte piena per poter alloggiare le componenti impiantistiche, in parte risolta con leggere centine in alluminio che lasciano a vista la struttura originaria dei solai. Alla controsoffittatura fanno da contrappunto i rivestimenti delle murature che hanno il compito di conferire un forte senso di matericità alle superfici verticali senza ricorrere all'operazione di spolpatura dell'intonaco esistente che avrebbe conferito un tono rustico all'ambiente. Le pareti sono state così rivestite in lastre di pietra di Santa Flora a filo sega che ricorda per grana e colore la pietra Forte tipica dei palazzi fiorentini. Inoltre la dimensione delle lastre e la finitura dei bordi rimanda alle tessiture a bugnato della base degli edifici del centro storico in un gioco di continuità tra esterno e interno che sottolinea il dialogo con l'esistente. Il progetto della luce richiama la stessa filosofia di progetto: luce tecnica nelle zone funzionali del bancone, lampade decorative a sospensione nelle zone dei tavolini. Gli arredi, tutti su disegno a eccezione delle sedute, ripensano le tipologie tradizionali degli arredi dei caffè declinandoli in chiave contemporanea.

Ensconced in a thirteenth-century building in downtown Florence, a mere stone's-throw from the city's cathedral, this ground-story space was converted to provide a home for the Actors' Bistrot, and offered an excellent opportunity to explore ways of interleaving modern architecture with the historical fabric of an urban context in which each building exudes a sense of tradition and quality in its structure, detail, materials and color scheme. This challenging face-off with the preexisting structural features of the building's interior were determining factors in deciding the spatial distribution and plan dimensions, and not least the range of materials to be used. The project's objective was to graft a contemporary scenario onto a thirteenth-century setting, creating an airy public space that is functionally rehabilitated while allowing a good view of the fabric of original wooden ceilings and brick load-bearing archways. The project's keynote is the gently arching false ceiling, which in part houses the cabling and HVAC plants, and in part consists of aluminum centering that leaves the original structure exposed to view. An intelligent counterpoint to the ceilings is offered by the wall treatment, which lends a keen tactile sense to the vertical planes without involving the removal of the existing intonaco surface, which would have resulted in an undesired rustic look. Instead sections of walls have been faced with tiles in Santa Flora stone, whose grain and tone are reminiscent of the *pietra Forte* typical of Florentine palazzi.
Furthermore, the dimensions, cut and edging of the tiles themselves are devised to harmonize with the rusticated base course for which many buildings in the historic center of Florence are famous, thereby creating an interplay between interior and exterior and establishing historical continuity with the existing fabric. The lighting scheme refers back the project's parting philosophy: high-tech units are used for the functional area of the service counter, whereas decorative fittings provide illumination for the table areas. The fixtures are customized throughout except for the seating, where the classical format has been rescored with a contemporary note.

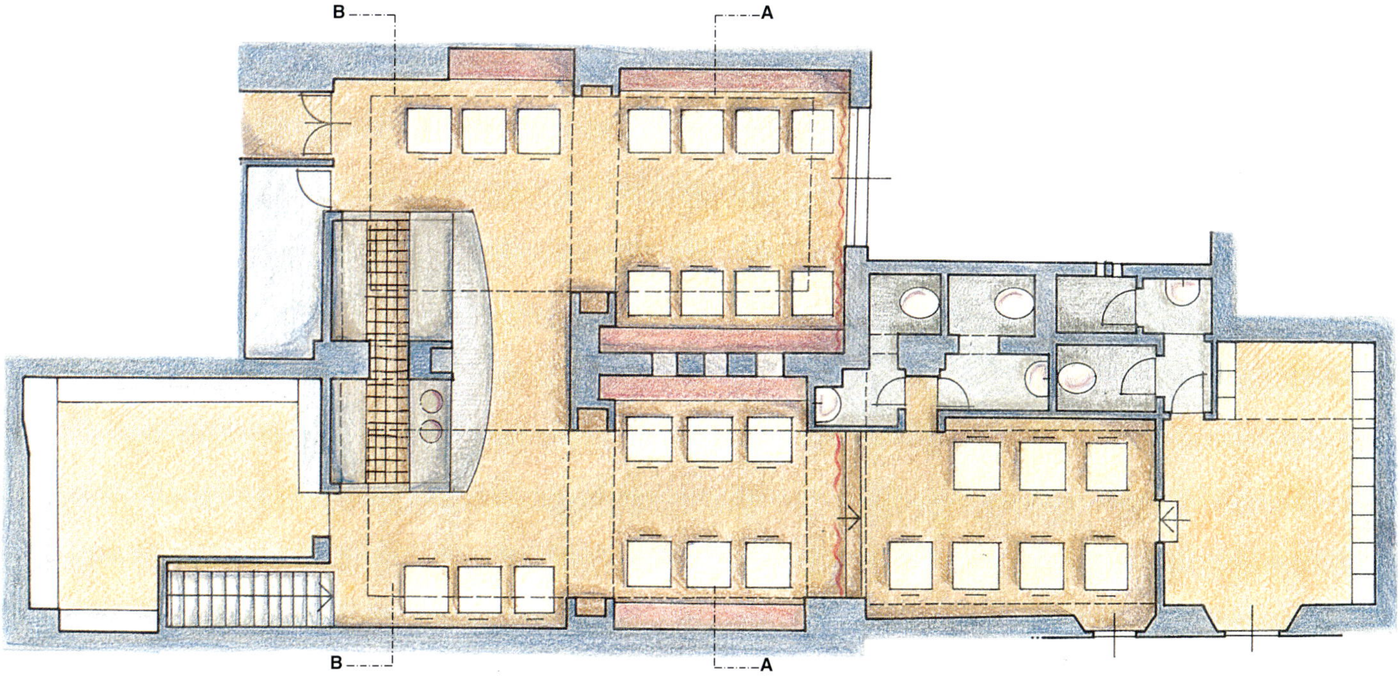


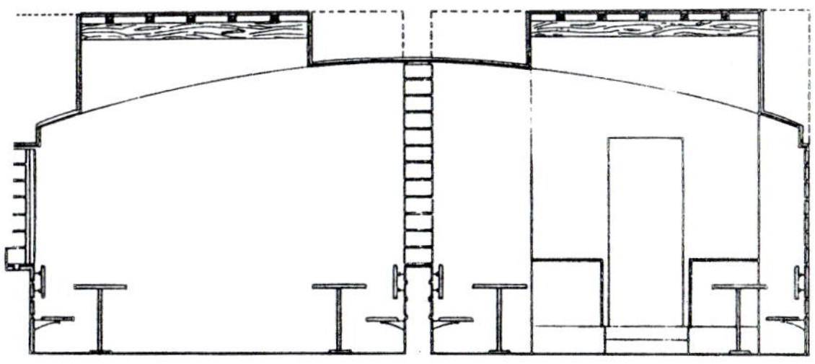

Sezione trasversale / Transversal section A-A

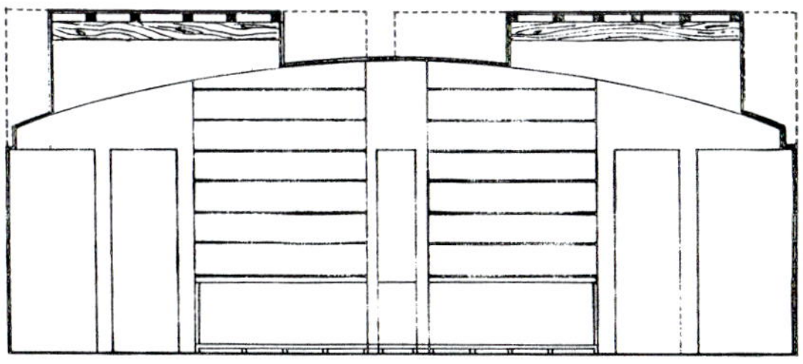

Sezione trasversale / Transversal section B-B

Marcello Panza

# ANIMA MIA

Napoli

L'immagine degli anni Settanta come stagione creativa del costume, del design e della musica da declinare in uno spazio storico in pieno centro antico, adiacente a Piazza dei Martiri, cuore pulsante della città, è stato l'input del committente. Il progetto prevede la riproposizione della formula del night-club reinterpretato in chiave di soft piano bar connotato da un'immagine forte e caratterizzante. Dagli anni Settanta si recuperano le proprietà espressive dei materiali allora nuovi, primi fra tutti i materiali plastici ma anche i velluti, il finto legno, le carte da parati, le forme arrotondate a volte fuori scala di memoria pop, i "pezzi" di design firmato che diventano vere e proprie icone del design tra cui l'intramontabile lampada "Falkland" disegnata da Bruno Munari per Danese che si ripropone reale o riflessa nello spazio a doppia altezza. Il progetto si muove tra filologia e reinterpretazione ironica in chiave contemporanea dei temi peculiari del periodo del design "contro" in cui trasgressione, ricerca della libertà espressiva e sovvertimento del gusto borghese erano le bandiere. Il tutto con un'attenzione al recupero delle valenze dello spazio ripulito da superfetazioni e restituito con le sue strutture originarie in pietra di tufo in facciata e i solai in legno. Alla zona dell'ingresso in corrispondenza del soppalco fa da contrappunto il grande spazio a doppia altezza che si mette in scena con cromie dissonanti, con gli specchi ovali disordinatamente fissati ai muri, ironica interpretazione degli specchi dei caffè, in un insieme libero e scenografico.

As its name announces, this nightclub in Piazza dei Martiri in the heart of the city of Naples has been completely revamped to address the client's request for a new interior environment recast in Seventies style with distinctive features of design and music that would capture the classic piano-bar mood but be memorably "groovy." Borrowed straight from the 1970s are hallmark materials that were new at the time, above all plastics, accompanied by velvets, fake wood and veneers, wallpapers, the typical rounded shapes of the decade, here and there blown out of scale in true Pop style, and designer pieces such as the memorable "Falkland" ceiling lights designed by Bruno Munari for Danese, which hang from the double-height ceiling and are multiplied by their reflections in the wall-mirrors. The concept behind the new interiors involves a combination of the philological approach with ironic contemporary rewriting of the classic themes of "counter-design" in which transgression, the quest for total freedom of expression and the subversion of middle-class taste were all the rage. This is cleverly played out through the retrieval of the existing space, which has been stripped of later additions and the original structural features restored, comprising tufa stone for the façade and original wooden ceilings. The cozy mezzanine over the entrance area is neatly counterbalanced by a double-height space that boasts a lively color scheme of bright jazzy tones, with large oval mirrors arranged at random on the high walls, an updated version of the classic saloon bar mirror.

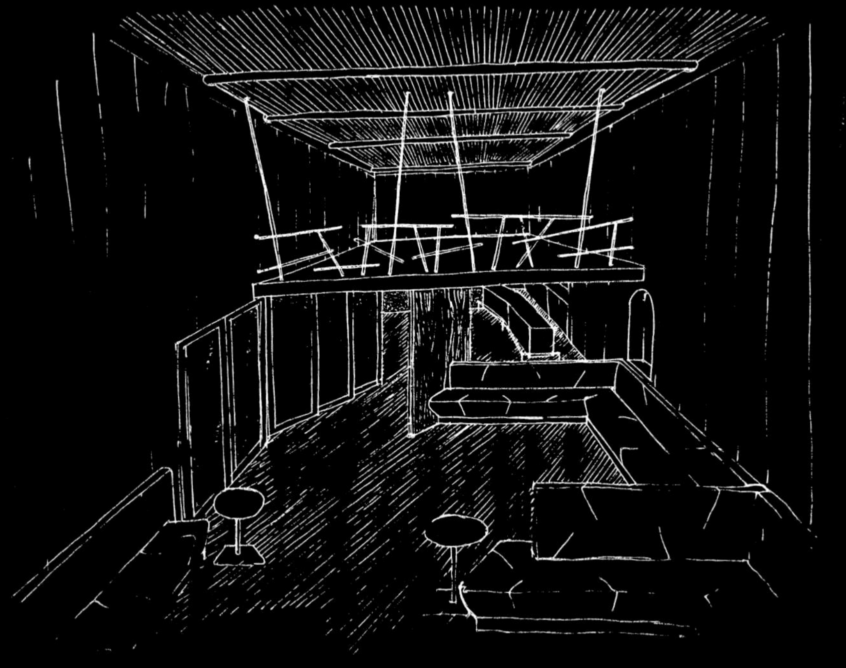

Vista prospettica / Perspective view

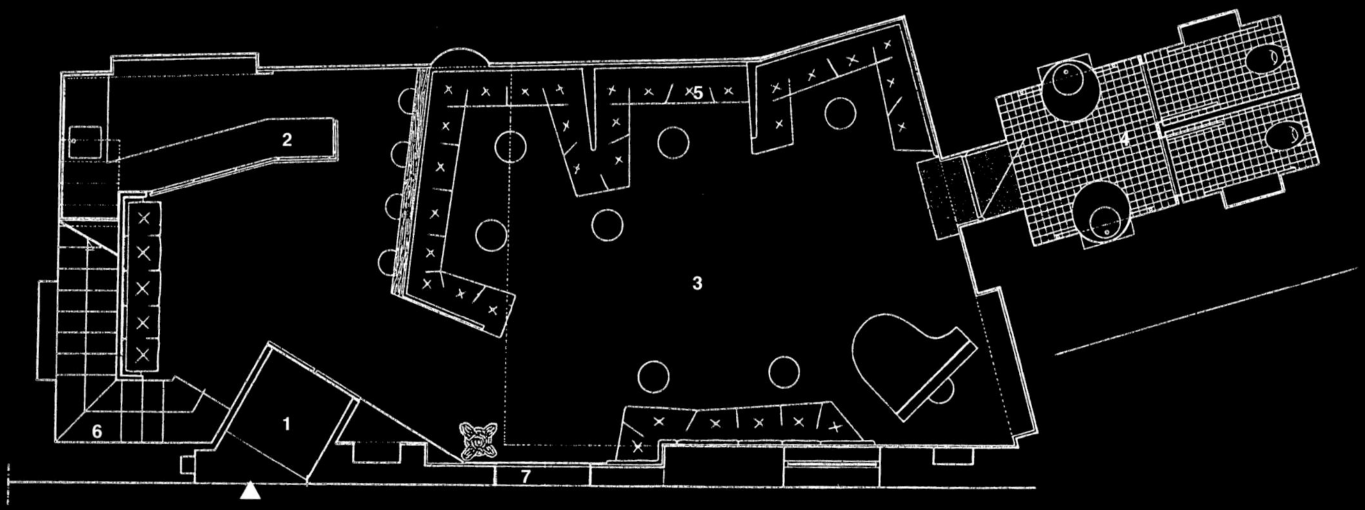


Piano terra / Ground level
1 - Ingresso / Entrance
2 - Bar
3 - Dancing area
4 - Toilettes / Toilets
5 - Sedute / Seating
6 - Scala di accesso al sopplaco / Stairs to mezzanine
7 - Uscita d'emergenza / Emergency exit

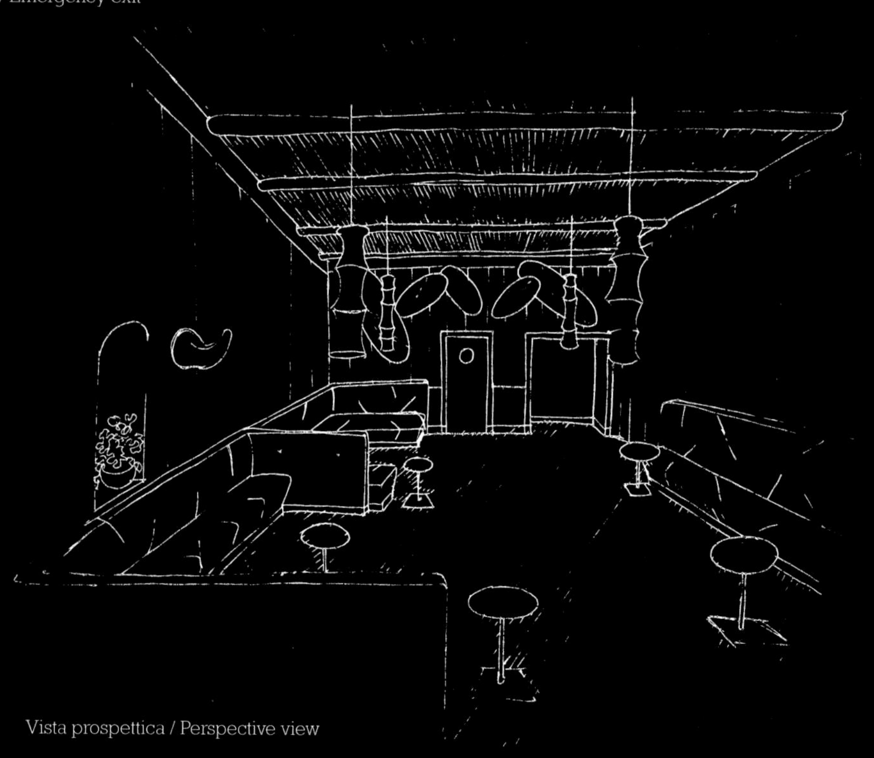

Vista prospettica / Perspective view

# ARTDECO CAFÉ
Milano

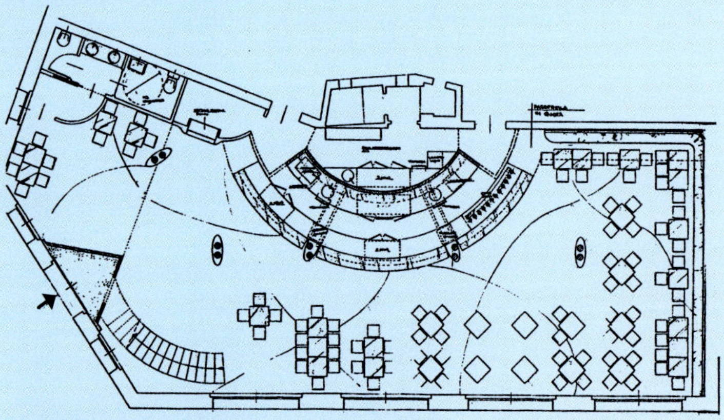

Lo stile e l'atmosfera ricordano il celebre quartiere *art déco* di Miami, siamo a Milano in un locale in cui lo spazio e i materiali sono i protagonisti del progetto. Fulcro dello spazio è il grande bancone del bar, monolitico, di forma semicircolare, che favorisce l'organizzazione funzionale delle aree dei tavoli e un'ottimizzazione dei percorsi. All'andamento curvilineo del bancone fa da contrappunto la scala, anch'essa semicircolare, che conduce all'area soppalcata: un *privé* caratterizzato da un astratto e vibrante cielo notturno dipinto sul soffitto. La scala e la passerella al piano del soppalco non sono unicamente elementi funzionali ma attraverso l'uso dei materiali, ferro per le strutture e vetro trasparente per i gradini, sono segni forti nello spazio capaci di generare un'emozione di incertezza quasi di inquietudine in chi sale. Al metallo e al vetro trasparente sono associate le tessiture degli imponenti pilastri, inglobati in forme ellittiche, in tessere di mosaico che rifrangono la luce in molteplici sfumature cromatiche. In questo involucro forte, caratterizzato da imponenti segni nello spazio l'arredo dei tavoli, che si interfaccia con l'utente in misura più ravvicinata, è pensato per offrire un'esperienza personale, di volta in volta diversa: ogni tavolo racchiude un frammento della natura, un frammento di un gioco dell'infanzia, un frammento di un immaginario che ristabiliscono un rapporto empatico con lo spazio circostante. Pensato per mostrare due anime l'Artdeco Café è camaleontico dal giorno alla notte. Inondato dalla luce naturale di giorno attraverso la facciata in vetrocemento, in sintonia con il lessico delle architetture di Miami, la notte si anima attraverso l'uso di un sistema di luci colorate, modulate da un sofisticato sistema computerizzato, che mettono in scena atmosfere oniriche e surreali.

The redesign of this cocktail bar is a tribute to the Art Deco quarter of Miami, Florida, transferred to a Milanese setting, in which layout and materials are given priority. The pivotal feature of the new ambience is the striking service counter, a solid block curving outward in a semicircle, which determines the spatial organization of the table areas and the bar's circulation logic, and is neatly counterweighted by the semicircular stairway which ushers up to the small private saloon on the mezzanine, whose distinctive ceiling is frescoed with a night sky of varying blue. More than just functional elements, the staircase and walkway provide a strong visual cue with their striking framework of metal and transparent glass treads that may at first seem disconcertingly fragile to anyone beginning the climb to the mezzanine. The various structures in metal and glass are anchored to solid pillars of elliptical design clad in a film of shiny mosaic that reflects and scatters the light in myriad shifting hues. Located in this assertive envelope are several different arrangements of tables and seating, each type offering a specific interface and therefore providing a more personal experience for the bar's patrons: each table contains an insert on a distinct theme, nature, a piece of a child's toy, or a slice of something imaginary that establishes contact and empathy with the surrounding environment. Conceived with two distinct moods, one for the day and one for the night, the entire atmosphere of the Artdeco Café morphs as darkness falls. Bathed during the day in natural light filtering through the glass-block wall – a recurrent feature of Miami's architectural vernacular – at night the venue is illuminated by a computerized lighting system of constantly shifting washes of colors that create a surreal dreamlike backdrop.

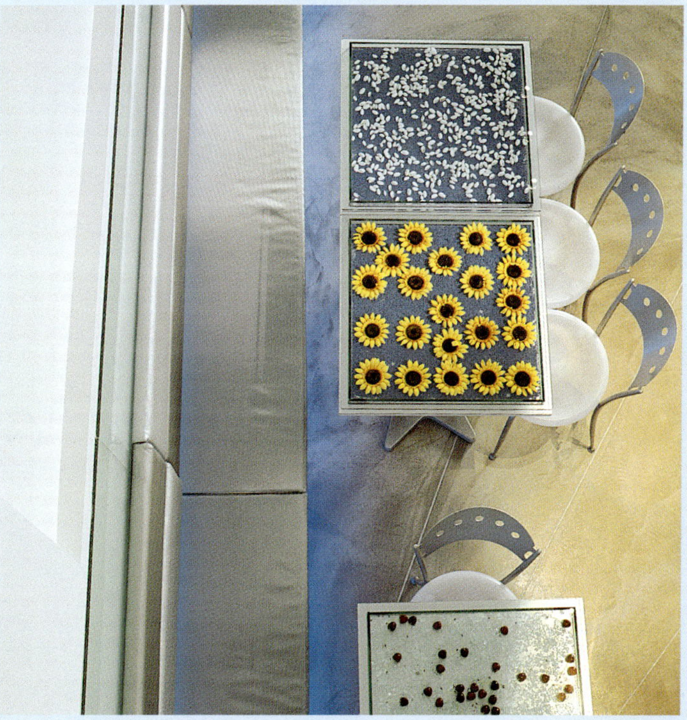

UdA ufficio di architettura

# AZIMUT

Torino

Gli spazi del divertimento notturno sono, nell'immaginario collettivo, associati ad atmosfere e a scenografie che operano un progressivo mascheramento del contenitore architettonico possibilmente attraverso l'uso di materiali quali i tessuti e i legni scuri, le forme arrotondate, il buio e gli squarci di luce. Qualunque sia l'involucro architettonico lo spazio risulta negato a favore della scenografia. A maggior ragione si dovrebbe operare in questo senso se l'edificio a ospitare il locale notturno è un edificio industriale degli anni Venti, caratterizzato, quindi, da spazi scanditi da una maglia di travi e pilastri in cemento armato, vuoti, scarni, assolutamente poco inclini alla ricchezza di un allestimento della notte.
Nel segno del sovvertimento di questa consolidata immagine dello spazio del divertimento notturno è stato condotto il progetto del bar Azimut con annessi ristorante e sala da ballo.
L'intervento centra l'attenzione sui parametri compositivi e distributivi e non sulla spettacolarità dell'allestimento, sulla creazione di una sequenza di spazi che inducono comportamenti fluidi, spontanei, non mediati.
Due maniche ortogonali tra loro con un cortile nel punto d'incrocio definiscono il contenitore. Attraverso l'eliminazione di tutte le stratificazioni l'edificio è riportato al nucleo originario esaltando la maglia strutturale che diventa la griglia compositiva sottesa al nuovo progetto. Su questa operazione si innestano i due interventi di maggior consistenza: l'inserimento della scala di collegamento interna e la parete vetrata sul cortile. Le scelte operate per i materiali, che ricalcano la filosofia del progetto, rifuggono dalla tradizione per aderire a un codice espressivo più vicino a immagini contemporanee: laminati colorati, policarbonati, ferro zincato, betulla. I materiali concorrono a identificare gli interventi progettuali come elementi autonomi, collocati nel contenitore ma immediatamente leggibili che dichiarano l'alterità nei confronti del contesto: la vetrina è una protesi del muro perimetrale, i bagni, concepiti come unità mobili, sono estensioni dell'organismo edilizio, la scala crea un movimento dissonante rispetto alla maglia strutturale.

The idea most people have of clubs and similar night-time venues is generally of a highly atmospheric setting. In most cases the architectural container is concealed behind a layer of décor composed of fabrics, wood and other materials to create a uniform, undifferentiated envelope, with shafts of light here and there to create effect. Whatever the features of the building shell underneath, the installation design always aims for instant visual impact. This approach is even more logical when, as in the present case, the building housing the new installations is a disused industrial shed built in the 1920s with a proliferation of beams, concrete pillars, recesses and protruding elements interrupting the space, and therefore hardly suitable for the kind of installation a venue of this kind demands. Given this entrenched idea of what a nightclub should be like, the project proposed for the Azimut club, which comprises a restaurant, bar and dance-floor, takes a different approach. Instead of relying on the décor to establish visual identity, the new design explores the compositional and layout characteristics, creating a succession of spaces that flow into each other with easy immediacy. The "container" comprises two buildings laid orthogonally, with a courtyard where they cross. By eliminating all later additions, the original structure was brought to light and subsequently used as the reference framework for the new layout. Once this was decided, two major alterations were made: a stairway was added inside, and a glazed wall built along the courtyard. In accordance with the central concept of the project, the materials used tend away from tradition in favor of a mode of expression more in line with contemporary imagery: hence colored laminates, polycarbons, galvanized iron, birchwood. These materials are used to give separate identities for the various features of the project, each one slotted into the spatial scheme but somehow evidently detached from its context; the glazed frontage is a continuation of the perimeter wall, while the bathrooms, like "portable" units, are repetitions of the building's organism; likewise, the staircases are designed to play off the structural grid.

Food

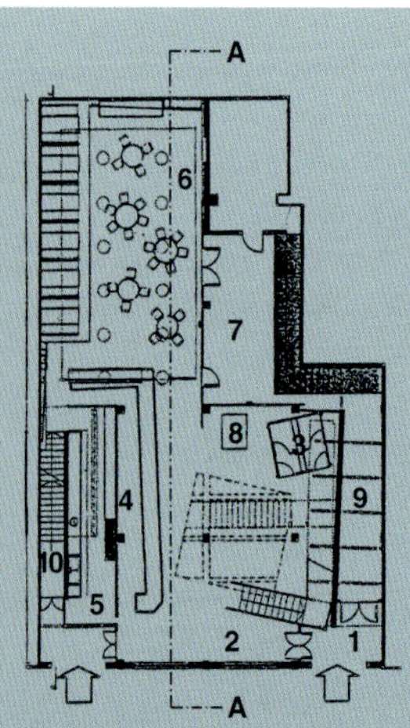


Piano terra / Ground level

1 - Ingresso / Entrance
2 - Atrio / Lobby
3 - Toilettes / Toilets
4 - Bar
5 - Cucina / Kitchen
6 - Ristorante / Restaurant
7 - Cortile / Courtyard
8 - Cabina dj / Dj cubicle
9 - Corridoio di emergenza
Emergency corridor
10 - Scala di sicurezza esterna
Outside emergency stairs
11 - Terrazzo / Terrace
12 - Vuoto sul piano terra
Void over ground level
13 - Galleria / Gallery
14 - Uscita d'emergenza
Emergency exit
15 - Deposito / Store

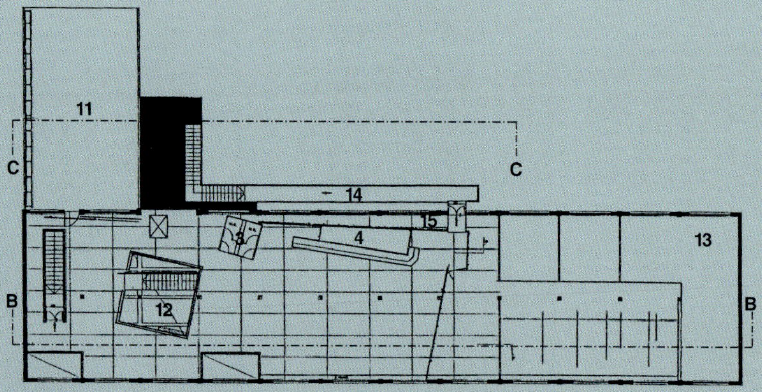


Primo piano / First floor

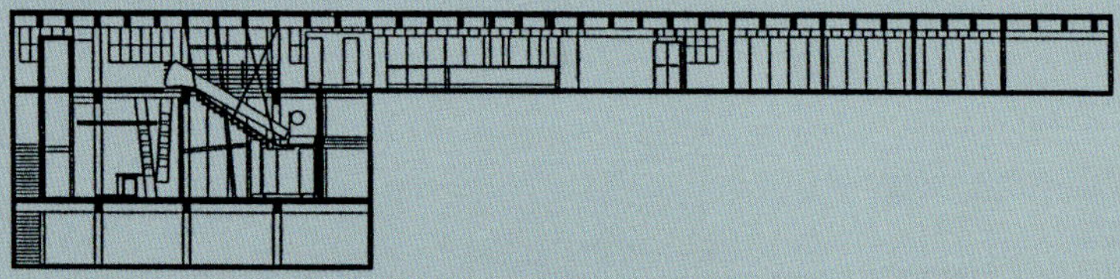

Sezione longitudinale / Longitudinal section B-B

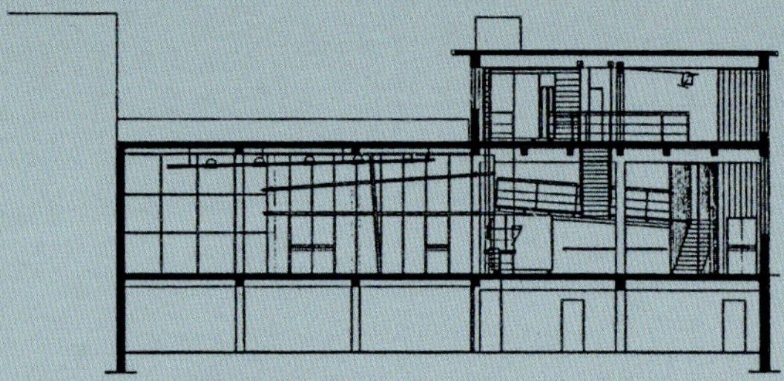

Sezione longitudinale / Longitudinal section A-A

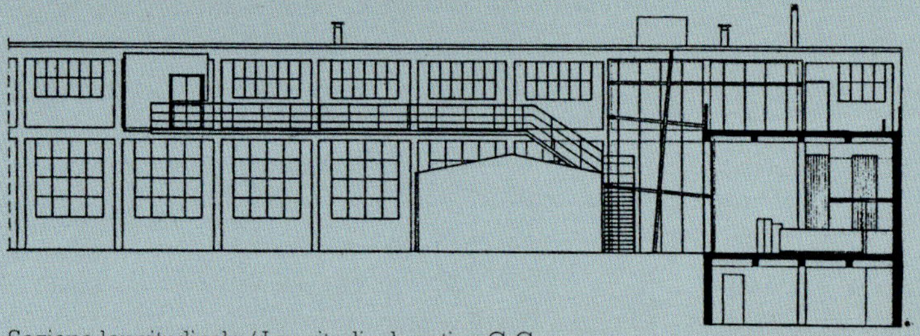

Sezione longitudinale / Longitudinal section C-C

ar Restaurant Ameri

# BAR LODI

Lodi

Gli ingredienti del progetto sono sofisticati: il codice a barre, lo specchio, il mosaico, la Factory e Andy Warhol. Lo spazio è poco accogliente: un tunnel, che per sua natura implica un attraversamento forzato sul suo asse, situato nella piazza principale di Lodi. Sono questi gli elementi messi in gioco in un intervento che trasforma un luogo angusto in un'esperienza di rituale urbano che permette di provare un'emozione spaziale, intellettuale. Il vestibolo d'ingresso è foderato da un "decoro" che ricalca il pattern di un codice a barre (il codice a barre è quello del libro *A sud di Memphis*, scritto dal progettista nel 1995) che si annulla al passaggio di chi entra. Oltrepassato l'ingresso inizia il tunnel che da un lato accoglie il bancone del bar e dall'altro è delimitato da un grande specchio per tutta la lunghezza. Il bancone, nella realtà, è un taglio nella volta continua del tunnel mentre lo specchio è uno specchio "animato": dall'argentatura delle lastre sono ritagliate le *silhouettes* dei protagonisti di una foto scattata da Richard Avedon nel 1969 nella Factory, il mitico *atelier* di Andy Warhol. Le sagome diventano sorgenti luminose che riflettono sul pavimento la propria figura-ombra; quella di Andy Warhol è l'ultima, quando la si calpesta si è giunti alla fine del percorso e con un drink in mano ci si può accomodare sulle organiche sedute di molliniana memoria. L'area dei tavoli al termine del tunnel ricalca, su pareti, soffitto e pavimento lo stesso pattern del codice a barre del vestibolo dell'ingresso. Sulla parete di fondo un altro specchio raddoppia lo spazio in lunghezza; il bar si anima, di presenze reali, riflesse, ritagliate nello specchio, così non è mai disabitato. La forma del tunnel permette di mascherare tutti gli impianti tecnici lasciando intatta la volta interamente rivestita, come il bancone del bar, di tessere di mosaico in vetro nelle tonalità dei marroni mentre il pavimento del tunnel è rivestito in Opus Romano. La scelta dei materiali non è casuale, le tessere di mosaico colpite dalla luce la rifrangono accentuando gli effetti scenici voluti e costruiti nell'angusto spazio del tunnel.

The somewhat highbrow visual ideas employed in this project include bar-codes, mirrors, mosaics, Andy Warhol, and the crew of his workshop. At first sight the place might not seem particularly inviting: patrons are ushered through into a tunnel of sorts whose orientation is determined by the axis of the main square of the town of Lodi, but once inside, the otherwise uninteresting narrow space involves them in an intellectual "trip" that transforms the mundane ritual of the cocktail into a happening. The entrance is decorated with a mosaic bar-code pattern (taken from the cover of the architect's book of 1995, *A sud di Memphis*), which shifts as you walk through it. Once beyond this small entrance space the "tunnel" begins, with the bar proper on the right and a mirror running the entire length of the other. The bar section is actually a recess set into the continuous arch of the tunnel, while the mirror opposite is animated with a series of cut-out silhouettes drawn from a group portrait photograph taken in 1969 by Richard Avedon at Andy Warhol's legendary studio, the Factory. Illuminated from behind, the figures' outlines cast shadows on the ground; Warhol's is the last figure at the far end and, stepping over his shadow, drink in hand, patrons proceed toward the end lounge area arranged with Mollino-style seating. The ceiling, walls and floor of the zone at the tunnel's end are decorated with the same bar-code design used in the entrance; on the back wall another mirror doubles the impression of the room's depth; the bar-code is animated partly by reflections of real people and partly by the silhouettes, always moving, always shifting.

All the service ducts and cable management are concealed behind the paneling, leaving an unimpeded view of the bar and the tunnel's arched ceiling with its stretches of brown mosaic and the *opus romanum* pattern.

The choice of materials is far from accidental: the reflecting mosaic inserts reiterate and heighten the dramatic effect of the tunnel itself.

Silhouettes a pavimento / Silhouettes on floor

Vista prospettica / Perspective view

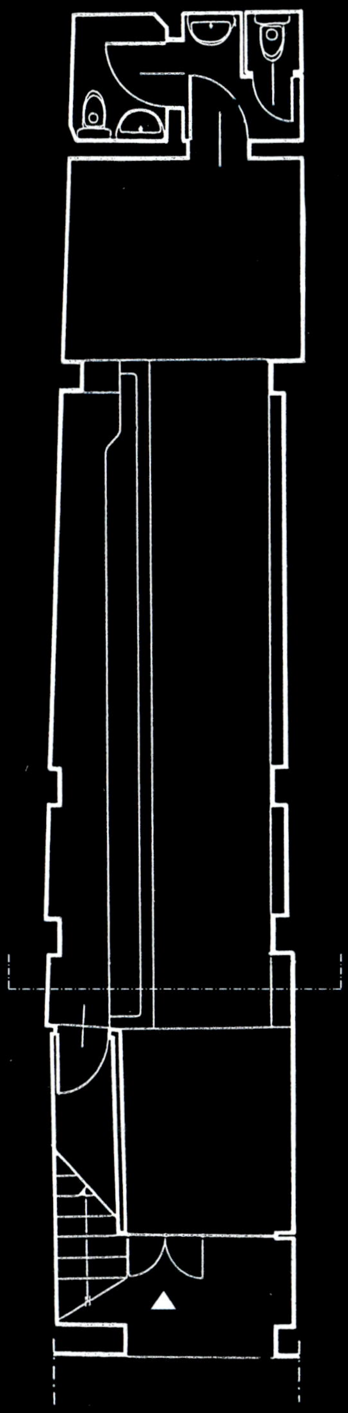

Sezione trasversale / Transversal section

Gianpiero Nava

# BAR RUEL

Trezzo sull'Adda - MI

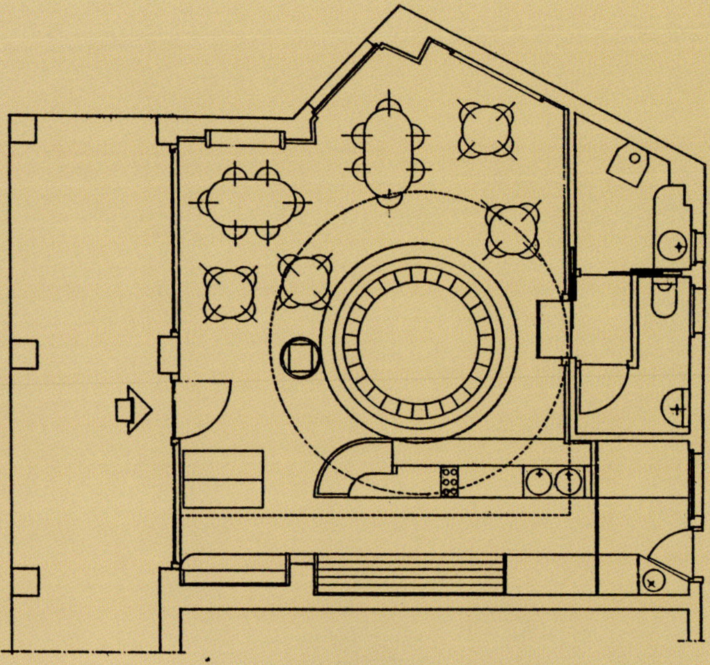

Un fabbricato pluripiano residenziale con, al piano terra, spazi destinati all'attività commerciale sulla piazza principale ospita il Bar Ruel. Lo spazio, con una conformazione irregolare, caratterizzato dalla presenza di un pilastro strutturale in prossimità dell'ingresso, suggerisce di operare anziché un mascheramento della struttura una valorizzazione facendolo diventare il fulcro compositivo del progetto. Il pilastro viene inglobato in una muratura circolare e il cerchio diventa il *leit motif* pensando al significato benefico e simbolico che assume nella disciplina del feng-shui. Il cerchio si ripete, quindi, a soffitto, con un taglio imponente a cupola che ingloba gli apparecchi illuminanti, e nel disegno del rivestimento a pavimento. Il progetto pone l'accento oltre che sul pilastro, sulla connessione soffitto-pavimento ottenuta attraverso il rivestimento a fasce orizzontali. Lo spazio compositivamente così organizzato viene foderato quasi totalmente alle pareti, con specchi laddove l'esiguità dello spazio ne suggerisce la dilatazione, in legno di faggio in prossimità delle aree dei tavoli per conferire maggior calore e per ragioni funzionali. All'uso del legno si associa l'uso dell'acciaio, nei serramenti così come negli arredi, e, in particolare, negli apparecchi illuminanti sul bancone realizzati su disegno che richiamano la *silhouette* del drago, simbolo benefico secondo l'arte del costruire orientale.

Housed in a residential building of several floors, the ground story of which is occupied by a variety of concessions and shops, this bar gives directly onto the main square of the town of Trezzo sull'Adda. Faced with an intrusive structural pillar near the entrance to this somewhat irregularly shaped space, the architect decided to exploit the feature, rather than attempt to conceal it, making it a visual pivot for the entire project. Encased in a curving section of wall, the pillar's circularity becomes the coordinating feature of an arrangement that is indebted to the art of feng-shui. The circle motif recurs therefore in both the ceiling – with its imposing dome-shaped recess mounted with the lighting systems – and in the floor pattern in front of the pillar. The design of the interiors plays on the vertical connectivity between floor and ceiling in other ways too, by means of horizontal wall paneling. Having established the physical coordinates, the walls are almost entirely clad in two materials – wall mirrors to increase the sense of space, and beachwood paneling around the seating areas to provide a warm, practical enclosure. The fittings of the wooden units are in steel, and the same material is used for the window and door frames, and for the lighting units over the custom-built service counter, which are styled in the symbol of the dragon, considered an excellent omen in oriental building design.

BAR

Andreas Brandolini
Gudrun Albrecht
Atelier Mendini

# BEL ÉTAGE

Saarbrücken (D)

Vista prospettica / Perspective view

In uno spazio dalla forma organica, di cui la pianta ricorda le forme sinuose di una conchiglia perfetta, è stata progettata la sala multifunzionale Bel Étage nel Casino DFG di Saarbrücken in Germania. L'invaso spaziale è lasciato intatto per percepirne tutto il volume sia dalle pareti vetrate perimetrali sia dall'interno; nessun setto, nessuna divisione dello spazio rompono la visuale a eccezione del ribasso del soffitto sopra il bancone del bar. Obiettivo del progetto è connotare la sala di un'atmosfera eccitante, "glamorous", in sintonia con l'emozione e l'eccitazione di chi frequenta il locale in occasioni speciali, per eventi e spettacoli. Con quest'idea il tema centrale dell'intervento è quello dei rivestimenti: l'attenzione è spostata su materiali e colori che reagissero in maniera forte alla luce. Una scelta lontana dall'uso della luce teatrale fatta di fasci luminosi e di ombre, reinventata in chiave contemporanea con materiali desueti per gli spazi del divertimento notturno. Il soffitto è addirittura lasciato a vista con una maglia di travi americane che ricorda più l'allestimento di un evento temporaneo che non la scenografia di uno spazio della notte; un trattamento tecnico della superficie orizzontale del soffitto ininfluente nella percezione dello spazio che privilegia la percezione visiva e materica delle pareti. Alla maglia del soffitto sono agganciati gli apparecchi illuminanti, realizzati su disegno, una moltitudine di dischi che inglobano le sorgenti luminose e riflettono la luce oppure, sul banco del bar, si allineano le "minime" lampade Fucsia di Achille Castiglioni, nate per un allestimento di una grande sala della Triennale nel 1954 e, in questo caso, utilizzate in maniera analoga. La tavolozza dei materiali annovera, primo fra tutti, il mosaico: tessere di vetro combinate in un disegno coloratissimo rivestono l'intera parete di fronte al bancone.

The new multifunctional Bel Étage hall in the DFG Casino in Saarbrücken, Germany, has a distinctive and immediately recognizable "organic" feel that is remarkably reminiscent of the perfect spiraling form of a seashell. The new hall has been designed on a totally unobstructed open plan so as to allow a full view of the surrounding container, which can also be seen from outside through the glazed perimeter walls; there are no walls, partitions or other obstacles to obstruct the view except for the sturdy ceiling unit suspended over the counter of the bar itself. The project's primary objective is to guarantee the kind of feelgood atmosphere and glamour that is expected by the night crowd that comes to the venue to attend shows and special events. This is achieved by an adroit handling of materials and colors that are devised to interact in close harmony with the lighting, which abstains from the traditional arrangement of spots and alternating shafts of light and shadow, and instead pursues a more contemporary approach involving materials and fixtures not usually associated with venues for evening entertainment. The ceiling has been deliberately left exposed to allow a good view of its eye-catching network of ceiling girders, which is more in the style of a temporary installation than a night club; despite its "techno" handling, the horizontal ceiling surfaces does not detract from one's perception of the visuals and finish of the walls. Mounted to this ceiling grid is the customized lighting system of disc-shaped downlighter units, which also function as reflectors, and, over the bar counter, are aligned with the self-effacing Fucsia units by Achille Castiglioni, which were created for a hall at the 1954 Milan Triennale; in fact the lighting is put to similar use. The spectrum of materials includes the extensive use of mosaics, notably in the

SPIELBANK

Prospetti del banco bar / Bar counter elevations

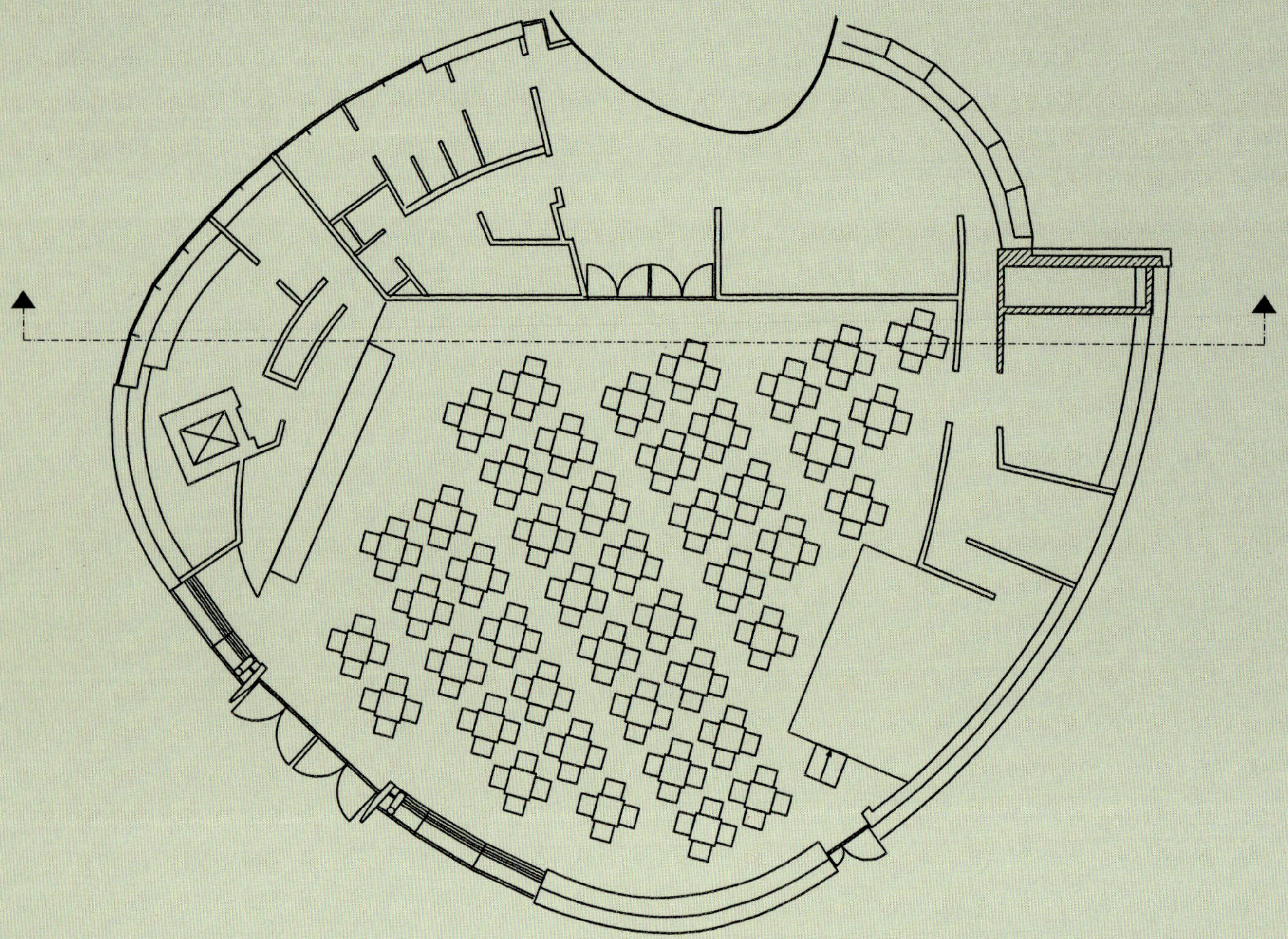

Il mosaico è uno dei materiali più caratterizzanti della poetica di Alessandro Mendini, un materiale classico, antico come l'architettura, declinabile in un caleidoscopico insieme di colori, dalle superfici brillanti su cui la luce batte e si rifrange diventando un rivestimento perfettamente rispondente al gusto contemporaneo. Le altre superfici verticali sono rivestite in pannelli in vetro retroverniciato in colore argento e, ancora, in pannelli di legno che cambiano, sotto l'effetto della luce, da un'immagine naturale e calda a un'immagine artificiale dorata, lucida, in sintonia con i riflessi dell'acciaio cromato. Una di queste ripropone un pattern a grandi bolli ripetuti, quasi un pattern segnaletico che identifica la parete di fondo. È un lavoro paziente, innovativo, condotto senza perdere l'equilibrio del tutto con quello delle tessiture della scatola muraria. Il risultato è sorprendente: la spazialità della grande sala è dilatata e al contempo vivacizzata, trattata con materiali lontani dalla tradizione degli interni scenografici dei luoghi d'intrattenimento notturno sovverte il cliché dell'immagine cupa e teatrale.

brightly colored mosaic pattern adorning the entire front of the bar counter. As ancient as architecture itself, mosaics are among Mendini's "pet" materials and he deploys them with kaleidoscopic variety creating gleaming, multicolored surfaces from which the light is refracted and bounces back in a way wholly appropriate to the contemporary setting. Other vertical planes are surfaced with glass panes back-painted with silver, or clad in wooden panels whose effect shifts from a warm natural finish to an artificial gleam produced by the reflections from the chrome fittings. One of these consists of a repeat pattern of large protrusions connoting the end wall, virtually a form of visual signage. In sum, the installation is the fruit of a patient and painstaking effort not to overdo the complex handling of surfaces, with the somewhat surprising result that the spatial sense of the hall is actually both dilated and enlivened through this unorthodox use of materials that are not normally associated with the established idea of installation design for entertainment venues, with their tendency toward a gloomy environment.

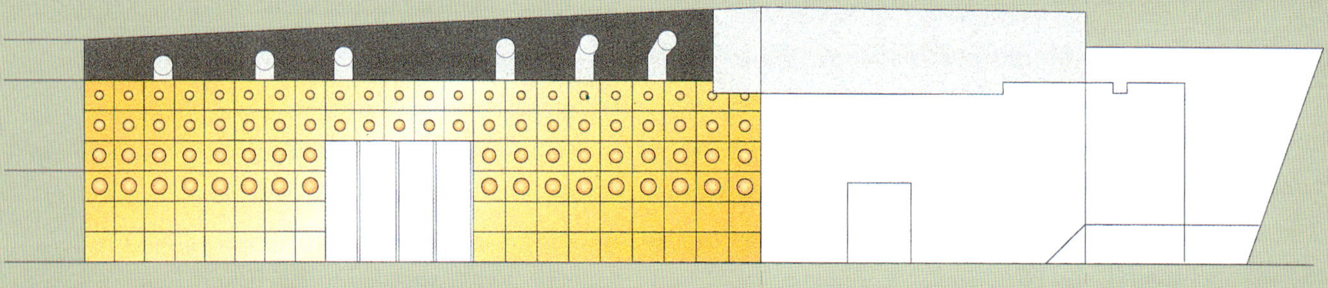

Sezione / Section

Studio Tausani Lucchi & Partners

# BETTY PAGE

Rimini

Uno show-restaurant e cocktail lounge nel cuore della località più rappresentativa del divertimento notturno in cui i progetti dei luoghi della notte si susseguono negli anni e si caratterizzano come allestimenti raffinatissimi e suggestivi.
Progettare interni per locali notturni comporta uno sforzo enorme, perché lo stesso spazio è sottoposto a sforzi enormi: dall'uso della quantità di persone che lo affollano all'intensità del consumo dell'immagine a cui è condizionato e che lo induce a cambiare pelle con incessante velocità. D'altra parte c'è, però, una libertà sconfinata nel progettare i luoghi dell'intrattenimento dotati di una spettacolarità innovativa e magari rivoluzionaria che si colloca nel segno della sperimentazione. È una macchina per produrre spettacolo, quasi una forma d'arte totale, che controlla tutte le variabili del progetto da quelle tecnologiche, all'immagine, dalla *corporate image* al look. Abitare la notte è come indossare una disposizione mentale, liberare una dimensione dello spirito che trova diritto di cittadinanza al di fuori delle costrizioni dei ruoli sociali e produttivistici delle ore del giorno.
Il luogo della notte può essere lo spazio carnevalesco esteso lungo tutto il fine settimana. Può essere il regno della trasgressione ma, innanzitutto, è il luogo dove i giovani elaborano le proprie strategie del piacere, e dove, quindi, trovano libero sfogo anche il gioco della moda e dell'apparire.
Se a questo si aggiunge che le mode e le tendenze giovanili nascono per la maggior parte nel mondo della musica si comprende come l'estensione alla moda e al design coinvolge totalmente i luoghi del divertimento notturno.
È il teatro delle forme ludiche ed evocative come nel Betty Page. *Il concept* dichiarato dai progettisti s'ispira al personaggio di Betty Page, attrice porno degli anni Cinquanta, un riferimento che resta il filo rosso del progetto di un locale voluttuoso, aggressivo, accattivante e trasgressivo.
Entrare nel locale coinvolge sensazioni opposte. Da un lato chi entra ha l'impressione di essere proiettato in una placenta morbida, accogliente e protettiva, levigata e ottenuta attraverso il trattamento monocolore di tutte le superfici, dall'altro vive l'esperienza delle forme e dei segni evocativi di un immaginario trasgressivo: le colonne rivestite in pelle rossa allacciata come una *guêpière*, neon a simboleggiare dei graffi sugli schienali a tutt'altezza dei divani, decori alle pareti che ripetono immagini di scarpe con tacchi a spillo, simbolo della sensualità femminile. Un immaginario di segni non invadente e immediatamente percepibile ma trattato con discrezione e con il desiderio di farlo scoprire via via che si vive l'esperienza dello spazio interno. Il locale ha il suo centro vitale nel piazzale bar che funge anche da pista da ballo con un soffitto attrezzato con la parte tecnica luci e suono. Sui lati le sedute con schienale a tutt'altezza sono intervallate da tagli con luce al neon che scandiscono il ritmo delle pareti. La zona del ristorante si distribuisce su due livelli collegati visivamente da una balaustra in vetro e propone un'immagine legata allo spazio bar discoteca ma rarefatta, quasi minimale, in cui l'arredo è essenziale.

A show-restaurant and cocktail lounge in seaside Rimini, famous for its busy night-life and where the venues are revamped each year with the latest concepts in club and disco design. The design of interiors for nightclubs entails stretching the space to its limits to accommodate the throng of club-goers and requires completely stripping down and updating with new visual appeal to keep drawing the crowds each year. Compensating the heavy demands on the architect, however, is the huge leeway for personal invention in designing a place that combines spectacular ideas and innovation that occasionally allow for pure experimentation.
The venue becomes a mouthpiece for a stream of ideas and imagery that reaches a total art-form, but where all the features are tuned to communicating a look and feel of unmistakable corporate identity. Night entertainment is a state of mind, and involves shrugging off the constrictions of one's daily routine and donning a new social identity. The night venue becomes a theater for letting oneself go from Friday night through the entire weekend. True enough, it is sometimes a hotbed of transgression but it is principally a place where young people can play out their personal idea of enjoyment and give free rein to their concept of behavior, their style and the way they look. Furthermore, most trends and fashions for young people actually spring from the world of music itself, meaning that when music is combined with fashion and interior design the involvement in the nightclub environment becomes total. The night club shown here is a perfect example of this kind of twilight arena where young people can explore themselves and each other. The club's overall concept and name is borrowed from the fabled 1950s blue-movie star, Betty Page, thereby setting a deliberately voluptuous, transgressive tone with strong allure. First impressions upon entering the club are varied, slightly contrasting – on the one hand you are embraced by the warm, womb-like environment imposed by the soft, uniform color scheme applied to the walls and ceilings, and on the other, you note the overt clash of the columns, with their sensuous skin of red leather like a French corset, with neon illumination to pick out the markings on the full-height backrests of the sofas, wall decorations that repeat the stiletto-heel motif, a classic symbol of the maîtresse. Despite the somewhat "hard-core" tone of the imagery, the overall effect is unobtrusive and discreetly unfolds as you proceed further into the chamber and experience its depths.
The fulcrum and heart of the place is the central bar-piazza which doubles up as a dance-floor that boasts a ceiling decked with the complex discotheque lighting and amplifying equipment. Distributed at intervals along the walls are banks of comfortable sofas with full-height upholstered backrests to lean on, alternating with wall-sections cut with long grooves housing the recessed lighting. The restaurant area is arranged on a split level connected visually by a glazed balustrade that refers stylistically to the bar-discotheque, but in a more rarefied, almost minimalist version, in which the furnishings are pared down to the bare essentials.

Viste prospettiche / Perspective views

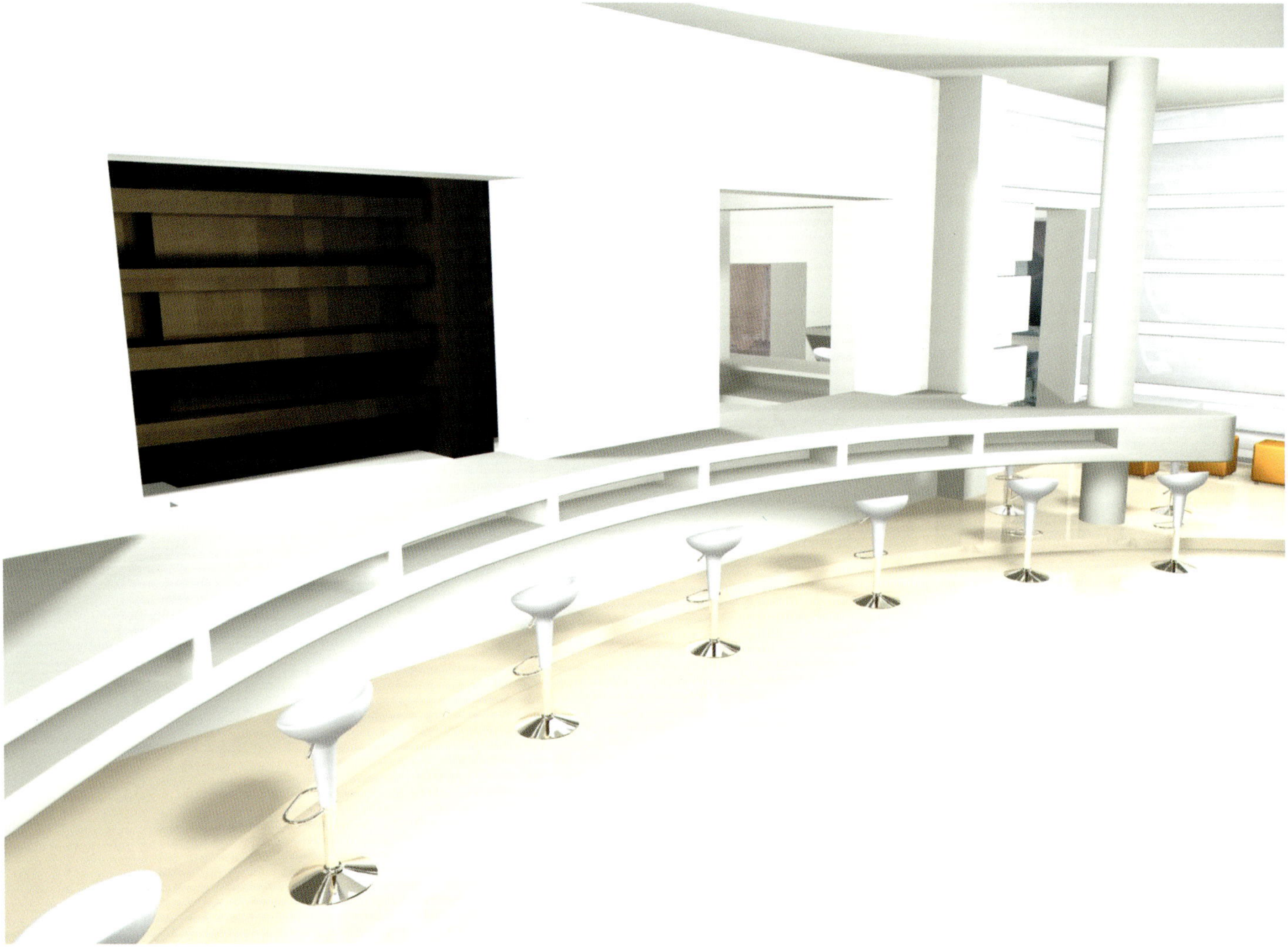

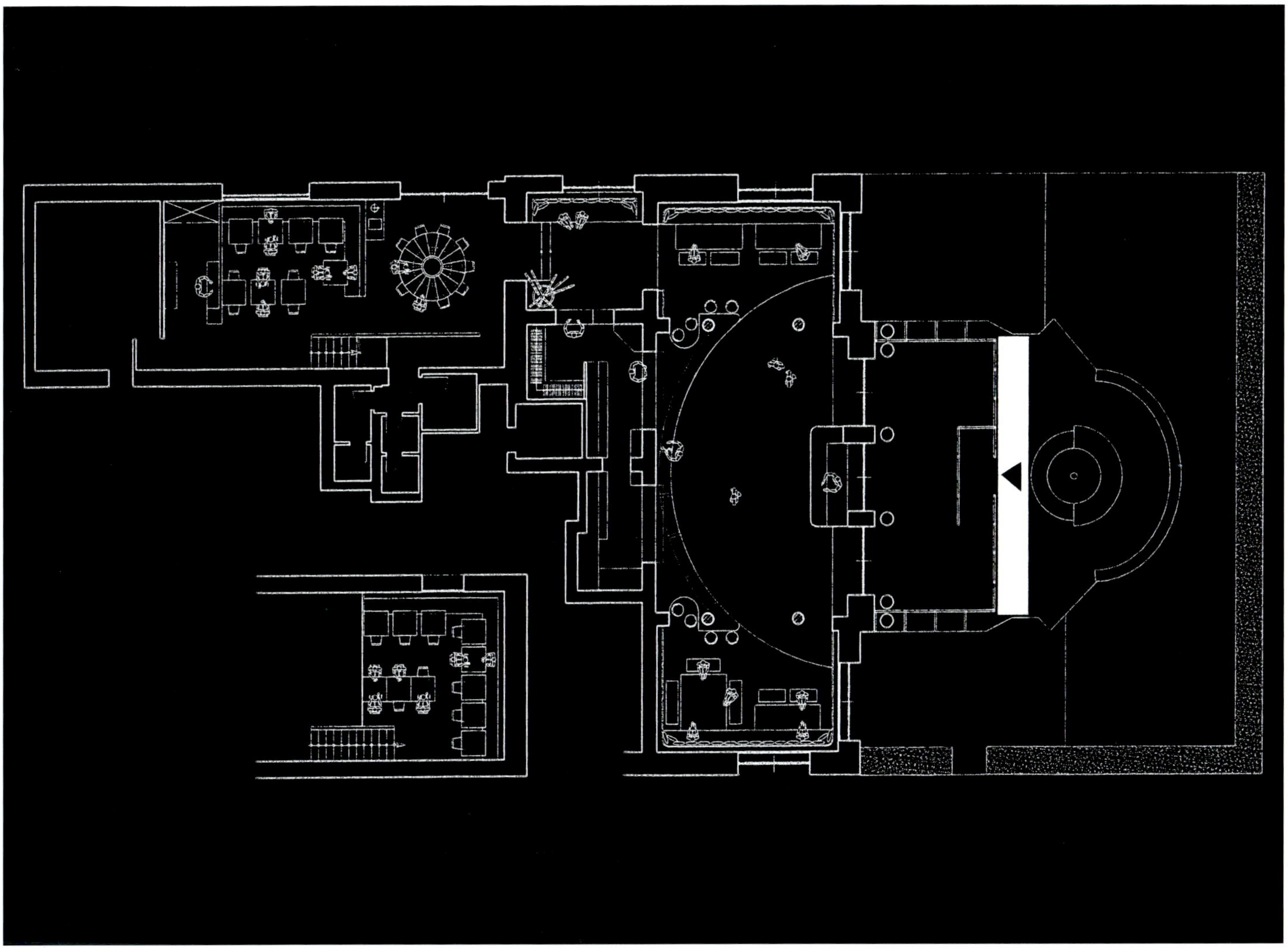

Vista assonometrica / Axonometric view

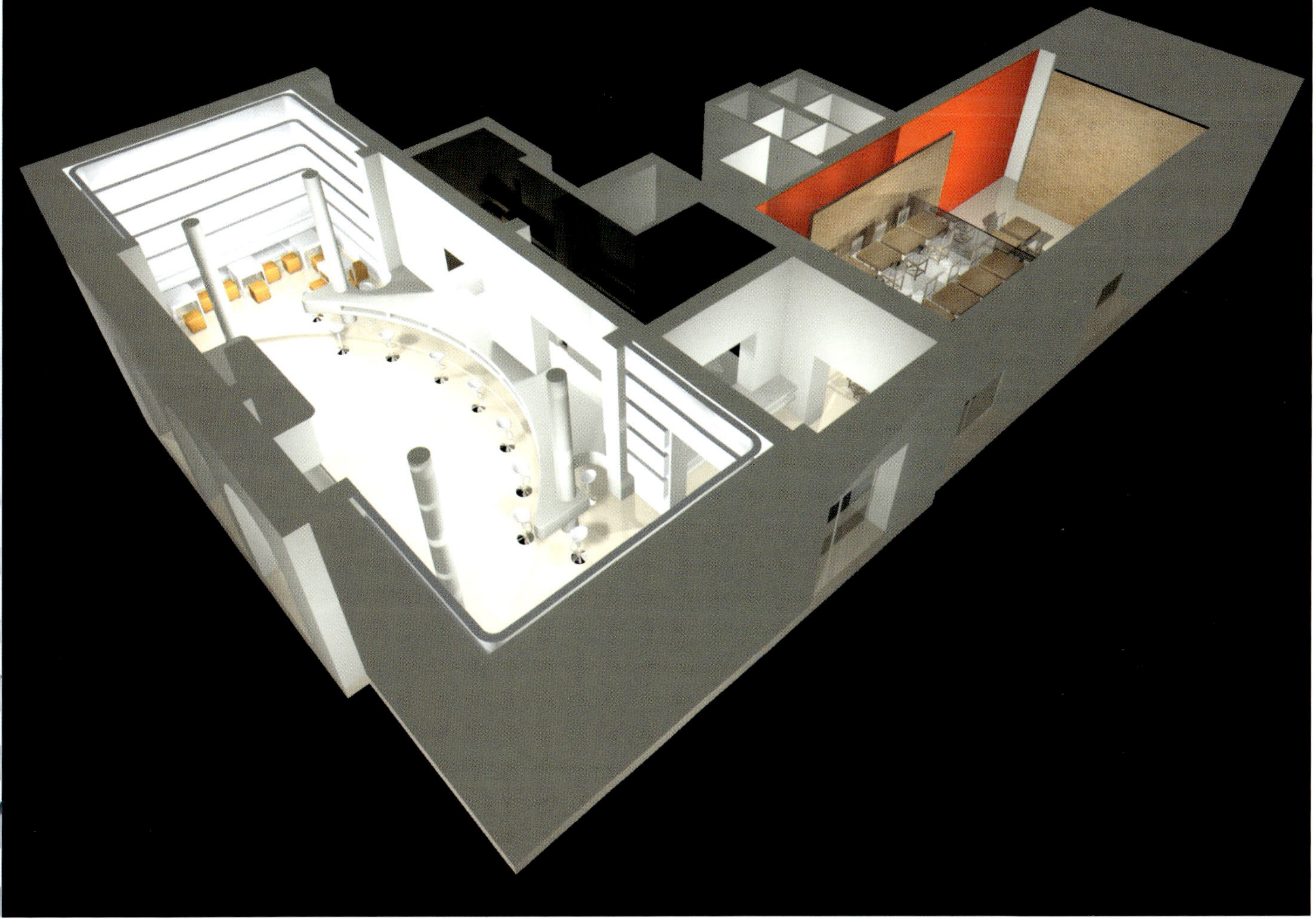

Studio Ciccotti

# CAFFÈ DEGLI ARTISTI

Lido di Ostia - RM

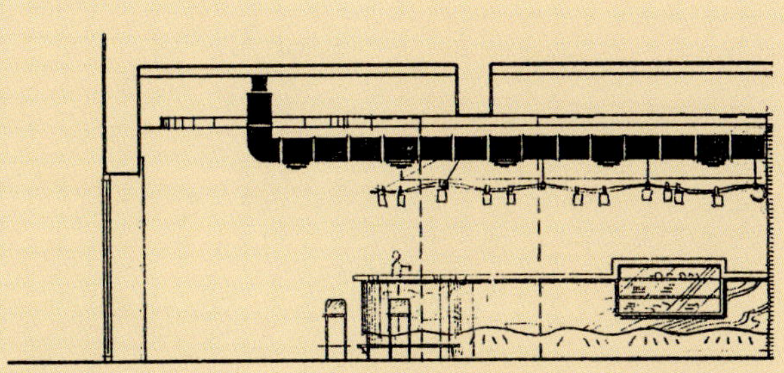

Prospetto del banco bar / Bar counter elevation

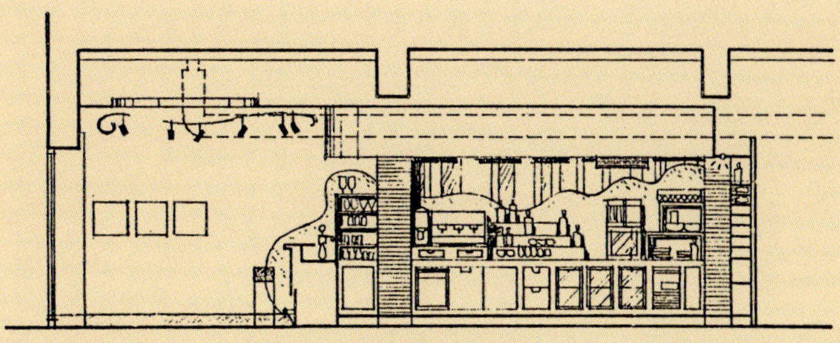

Prospetto del retrobanco / Bar counter back elevation

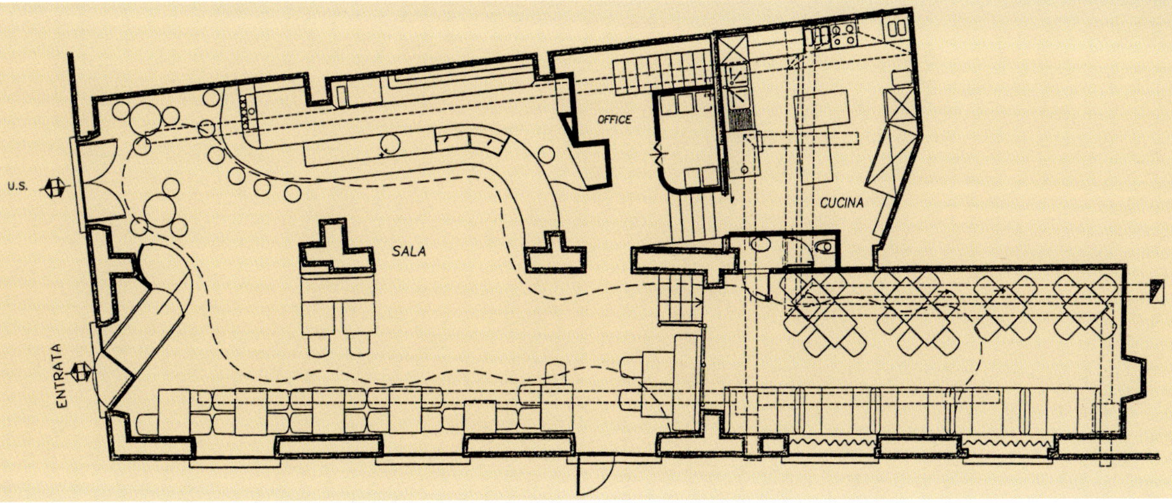

Le categorie calviniane della *lightness* e della *consistency*, leggerezza e consistenza (associabile alla categoria della pesantezza), sono i codici espressivi che hanno guidato il progetto del Caffè degli Artisti. Il nome del locale non intende rimandare alla tradizione dei caffè letterari ma esprime la sensibilità della committenza a ospitare piccole mostre ed eventi culturali trasformandolo da luogo dell'intrattenimento a spazio espositivo. Lo spazio lungo e stretto collocato in un edificio storico, con quote diverse tra il piano della zona dell'ingresso e il piano della zona retrostante, suggeriva di ridurre il più possibile la presenza delle murature interne. Attraverso un delicato intervento strutturale di rinforzo l'obiettivo è raggiunto e le pesanti murature perimetrali sono liberate dall'intonaco originario riportando mattoni e pietra di tufo a vista. Le opere di consolidamento restano volutamente visibili attraverso la posa di travature in ferro a vista dove vengono aperti varchi e passaggi per trasformare gli spazi originari in uno unico e continuo. L'involucro è trasformato, con queste operazioni, in una scatola pesante e materica che, al suo interno, quasi per bilanciamento, avrebbe dovuto ospitare attrezzature e allestimenti leggeri e minimali. Le superfici dei pavimenti e dei soffitti si annullano in campiture di colori chiari e materiali neutri per conferire maggior forza alle pareti in pietra. Una scelta precisa è stata operata anche sull'inserimento degli impianti, d'illuminazione e di climatizzazione, che sono lasciati a vista, appesi al soffitto senza complicati sistemi di mascheramento. Gli arredi, che in molti progetti di locali per l'intrattenimento sono protagonisti chiassosi e caratterizzati, sono declinati, grazie alla sensibilità del progettista, come presenze discrete capaci di mantenere l'equilibrio tra l'involucro architettonico e gli elementi interni. Con questo atteggiamento è stato disegnato il bancone realizzato in legno di acero sbiancato, con un retrobanco insolitamente poco invasivo per non celare la parete in mattoni. Con lo stesso garbo tavoli e sedie sono in colori pastello e con forme semplicissime pur senza privarsi di comfort.

The Calvino-type of lightness and consistency, the latter associated conceptually with substance and therefore weight, are the keynotes of this new set of interiors for the Caffè degli Artisti in the coastal resort of Lido di Ostia, not far from Rome. The name of the café-bistro, Artists' Café, is not an attempt to evoke the type of sidewalk café once frequented by artists and writers in the past, but reflects the owner's intentions to host small installations and cultural events that will transform the place from a drinks venue to a regular art gallery. Located in a historic building, the café's long, narrow space is characterized by a slight difference in floor level between the main foyer-bar area and the sections toward the back, and this prompted the architects to remove all structural walls so as to obtain a completely unobstructed plan. After successfully effecting structural reinforcements, the solid perimeter walls were stripped of their intonaco to expose the attractive original masonry of pale tufa stone and brickwork. Instead of concealing the structural reinforcements, the iron girders framing the openings are left visible where walls were removed to create a spatial continuum; this adds a sense of mass to the framework, whose solidity is shrewdly contrasted by slim furniture and other minimized fixtures.
A uniform color scheme and use of materials for both ceilings and floors has successfully made them unobtrusive, giving added relief to the handsome original stone walls. Equal attention has gone into the lighting and air-conditioning plants; attached directly to the ceilings, these too are not camouflaged and merely give further visual character to the rooms. Instead of the usual loud furnishings adopted for night venues, the tables, chairs and barstools here have been carefully styled to maintain the balance between architectural shell and interior features. With this balance of lightness and consistency in mind, the bar has been designed as a solid unit in bleached maple, and behind an unusually downplayed service wall to reveal as much original brickwork as possible. The color scheme also plays its part, employing soft tones and simplified shapes with no loss to comfort.

CREST

Umberto Riva

Marisa Macchietto

# CAFFÈ PEDROCCHI

Padova

Un intervento delicato il progetto di ristrutturazione del Caffè Pedrocchi di Padova che ha suscitato critiche e polemiche, come si conviene a molti lavori italiani che si confrontano con la storia, e che si è messo in relazione a realtà diverse. Il cosiddetto Pedrocchi è uno dei luoghi d'identità della città, un edificio che non risponde soltanto a un'esigenza di convivialità, ma che è nato per interpretare una funzione civile di dibattito dei grandi temi della politica e della cultura.
La storia architettonica del caffè padovano si snoda dal nucleo originario del 1826 progettato da Giuseppe Jappelli, architetto capace di dare alla città un luogo moderno, fino al pesante intervento degli anni Cinquanta che ne ha alterato lo stato di fatto. Umberto Riva ricostruisce la morfologia originale dell'isolato nel ridisegno del prospetto interno sul vicolo Cappellato Pedrocchi: lo riordina chiudendo le luci dei negozi e disegnando come vetrina della pasticceria una cornice metallica composta da più piani, un corpo alto staccato dal muro che non interferisce con la facciata. Le nuove aperture ripristinano il peso della muratura originaria ma al contempo fanno filtrare la luce nei locali di servizio come la cucina, da sempre penalizzati, e rivalutati in questo intervento oltreché dal punto di vista funzionale, nel segno della piacevolezza e del comfort per chi vi lavora. Gli spazi aulici all'interno sono stati il più possibile riportati all'impianto originario.
La Sala Ottagonale, ad esempio, è stata ridisegnata destinandola a ristorante ed è stato realizzato un grande serramento in legno che permette di sottolineare la continuità della sala e di schermare le colonne comparse negli anni Cinquanta. L'identità del progetto di Riva si coglie, dunque, a due livelli, quello spaziale e quello del dettaglio secondo la sua poetica che non è quella dell'estetica del particolare fine a sé stesso ma quella che passa attraverso la sapienza del disegno.
Riva disegna il battiscopa, presenza rara nei suoi progetti, incassato nella muratura e in ottone, ripensa al piano del banco bar sostituendo il piano in legno originale con una lastra in metallo martellinata, disegna i mobili in pero ebanizzato e le lampade in ottone: segni, dettagli, materiali capaci di ricucire gli strappi causati dal progetto di "ammodernamento" con una relazione di affinità con la preesistenza che lascia un segno importante ma discreto del discepolo di Carlo Scarpa.

Known by all the townsfolk simply as Pedrocchi's and one of the city's most frequented meeting places, this coffee-house's tricky redesign drew flak right from its inception, as frequently occurs when past and present are required to interface and a much-loved urban landmark is "tampered" with to create something vibrant and new. The building itself is situated at the very hub of the city's social life and was constructed with a precise civic function in mind. The site's history began with the original nucleus created in 1826 by the architect Giuseppe Jappelli, who successfully grafted an entirely new meeting-point onto the old city fabric; later, however, a drastic alterations scheme effected in the 1950s marred the original format. Now, with this new project, Umberto Riva has reconstituted the original morphology of the block by redesigning the frontage along Vicolo Pedrocchi, filling in the former shop windows and giving the coffee-shop a new metal-framed glazing on two levels, a tall additional body set back from the front wall that does not interfere with the original façade. The new apertures restore the sense of mass of the former frontage while allowing light to filter through to the service zones like the kitchen, which had always been penalized, thereby not only enhancing things from the functional point of view, but also considerably improving working conditions. Meanwhile, the original halls of the layout were restored as far as possible to their primitive state. The Sala Ottagonale was redesigned for use as a restaurant to emphasize the linear continuity of the dining hall and screen the columns that were installed in the 1950s. Riva's new project is composed of two levels, one that stresses spatiality, and the other focusing on detailed features tailored to his personal aesthetics – not detail for detail's sake but particulars resulting from a knowledgeable handling of design. Such features include attention to the skirting, unusual for his designs, here encased in the wall and trimmed with a polished brass fascia; similarly the service counters have been redesigned with metal instead of wooden tops; the seating is in ebanized pearwood, the light fittings in brass. Together these visual markers, details and materials deftly smooth over the more glaring scars of the 1950s alterations, while meshing with the pre-existing fabric, reflecting discreet traces of the architect's apprenticeship under Carlo Scarpa.

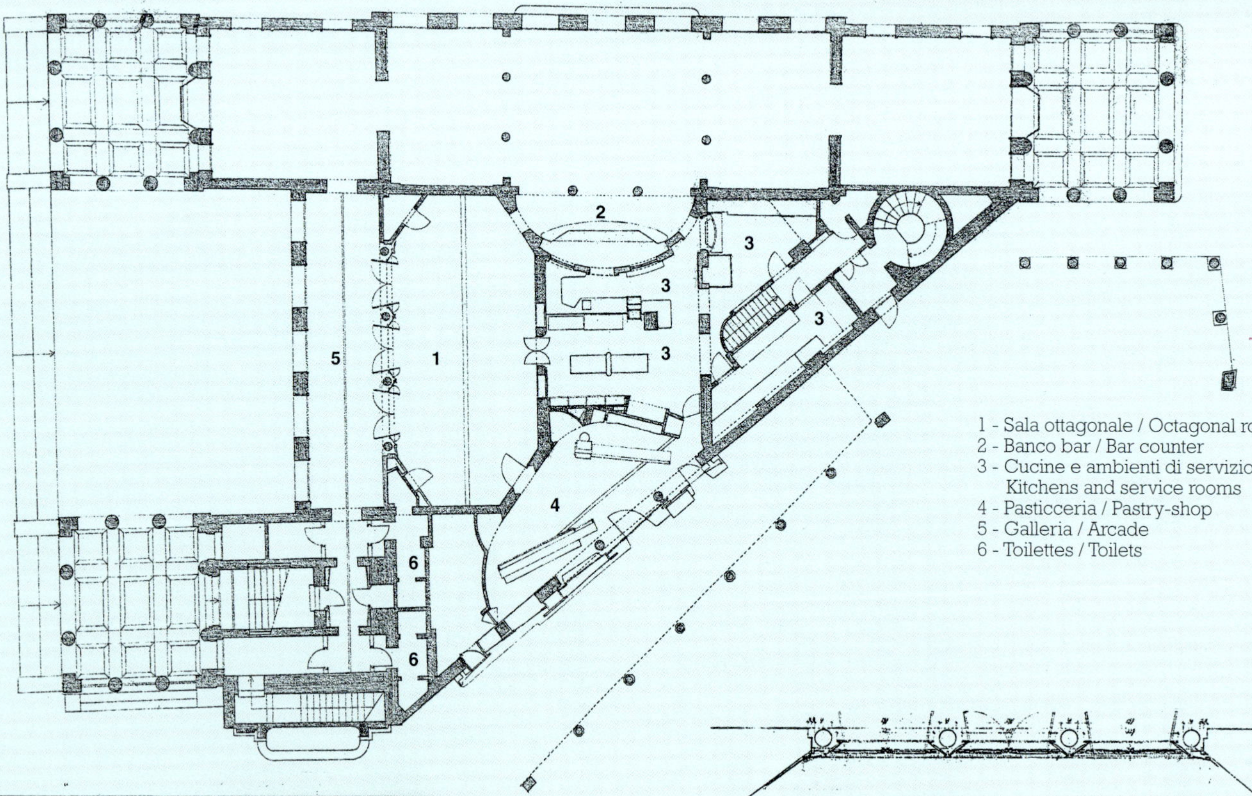

1 - Sala ottagonale / Octagonal room
2 - Banco bar / Bar counter
3 - Cucine e ambienti di servizio
Kitchens and service rooms
4 - Pasticceria / Pastry-shop
5 - Galleria / Arcade
6 - Toilettes / Toilets

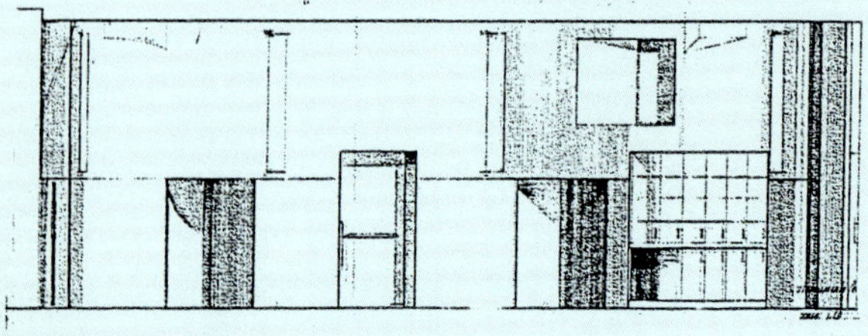

Sezione pasticceria
Pastry-shop section

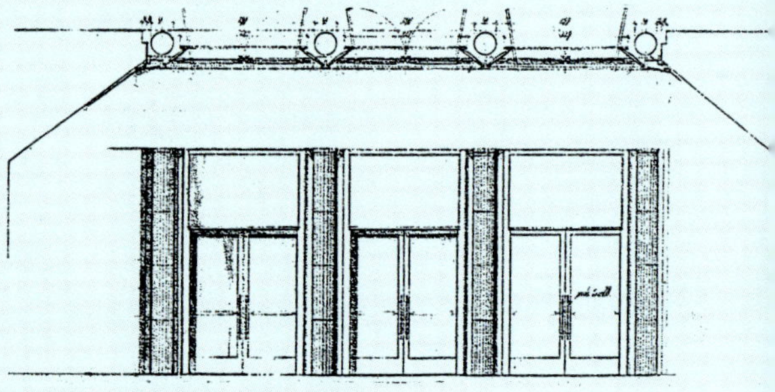

Pianta e prospetto serramento sala ottagonale
Door frame of the Octagonal room, plan and elevation

Michele Roberto Lapenna
Rosita Vinella

# CAMERA A SUD

Brindisi

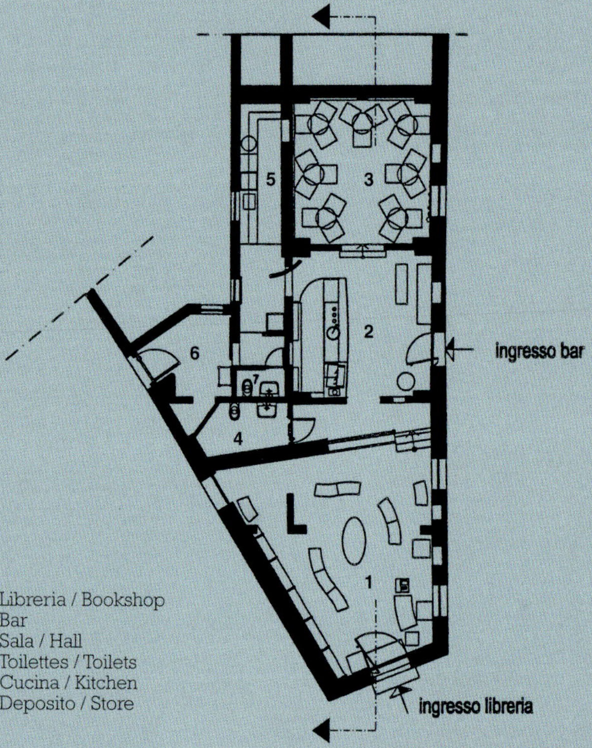


1 - Libreria / Bookshop
2 - Bar
3 - Sala / Hall
4 - Toilettes / Toilets
5 - Cucina / Kitchen
6 - Deposito / Store

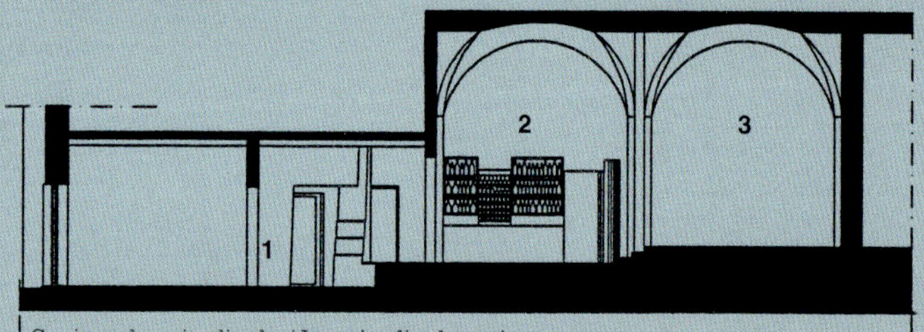

Sezione longitudinale / Longitudianl section

Uno spazio antico caratterizzato da altissime volte in tufo intonacate a calce diventa, nell'idea dei committenti, un caffè in cui si vendono libri e si organizzano piccole mostre di giovani artisti contemporanei, un luogo in cui il valore aggiunto si gioca sul piano della cultura, su un inatteso servizio offerto alla clientela. L'intervento progettuale è giocato sull'equilibrio, l'accostamento o il contrasto tra l'esistente e il nuovo, i colori e le superfici. Gli spazi sono stati valorizzati con aperture a tutt'altezza e attraverso l'utilizzo di materiali poveri, molto spesso di derivazione industriale. Al cemento del rivestimento dei pavimenti sono associati il legno multistrato per gli arredi e i tubi in ferro per le strutture dei tavoli. Tutto il progetto è stato condotto con un'attenzione all'essenzialità e all'economicità esaltando le caratteristiche dei materiali e lasciando alcuni segni di un attento *ready-made* come nei blocchi di pietra locale che diventano gradini così come nelle librerie in cui le strutture verticali non sono altro che lunghissime scale a pioli che reggono scaffali in lamiera.

A historical location graced with a combination of tall, elegant tufa vaults, wooden beams, and plain plaster walls has been transformed upon the client's request into a dynamic café meeting-place, that is at times transformed into a bookstore, and at other times hosts small exhibitions of local artists' work, and where varied cultural input is the leitmotif of an offering full of surprise and improvisation. The new design aims to achieve a balance, either through juxtapositions or through creating contrasts between the existing fabric and the new installation, between colors and surfaces. The original features of the place have been studiously exploited by making good use of "poor" materials, in some cases factory-type fittings. The cement floors have been nicely contrasted with plywood fittings and seating and tubular steel for the frames of the tables. The entire project has been pared down to the essentials with an economy of materials, allowing certain items as ready-mades such as the blocks of local stone that become steps, and the "bookcases," which are actually tall wooden ladders that support shelves in metal sheeting as required.

locali di servizio

SPERLING PAPERBACK
JAMES W. HALL
SCRITTI NEL SANGUE

LE CHIESE RUPESTRI
Medioevo
ANTONIO SPINOSA
CUCINA

# CENERE
Milano

Le regole di base della filosofia del costruire del feng-shui unite alle possibilità espressive della luce caratterizzano il progetto di questo locale milanese. Collegati due locali adiacenti di un edificio storico, in origine l'androne di accesso al palazzo, il progetto ha comportato un massiccio intervento strutturale per eliminare una porzione di muro portante che ha consentito di ricavare un unico ambiente. Un intervento che, durante i lavori, ha portato alla luce gli originali solai in legno e i due archi di accesso che sono stati conservati e lasciati a vista. Della disciplina del feng-shui il progetto fa propria l'idea del connubio tra terra e mare che è uno dei fondamenti e lo reinterpreta simboleggiando la prima con i colori caldi delle pareti e dei pavimenti e il secondo con gli eterei schermi in cristallo luminoso da cui "emergono" sagome di cavallucci marini stilizzati che sostengono i piani dei tavolini fissi. Questi ultimi, anch'essi appartenenti al mondo del mare, sono realizzati con lastre di vetro che racchiudono un liquido colorato che ne accentua l'immaterialità. All'immaginario del mare appartiene anche la parete di fondo del bancone, una sorta di acquario che diventa una parete d'acqua colorata, mutevole e trasparente. Lo spazio così caratterizzato è, nel suo complesso, protagonista di un'attenta scenografia della luce come nella grande parete in prossimità dell'ingresso su cui, come su una tela, si fissa un segno artistico, scultoreo, che si anima continuamente con una luce mutevole.

One of the guiding concepts underlying this conversion project is the ancient Chinese art of feng-shui, which has been combined here with an expressive use of natural light and illumination. These connecting rooms once formed the entrance lobby of a historical building in Milan. The new project entailed major structural alterations to remove a section of the dividing wall to create a single open space. As work progressed, some of the building's original features came to light, including the wooden ceilings and the entrance archways, which were restored and integrated with the new scheme. Drawing on this art of controlling life forces, the project has made its own creative interpretation of the vital union of earth and sea – one of feng-shui's fundamental principles – by representing the former with warm earthy colors for floors and walls, while the sea element is expressed through a play of diaphanous glass partitions divided by full-height columns sculpted in the form of sea-horses; at the base these provide supports for the tables, whose tops are made of glass with colored liquid trapped between the layers, creating a delightful ethereal transparency. Also representing the element of water is the aquarium-like wall behind the bar, which provides a sort of watery backdrop of shifting forms and hues. The overall key to the design, however, is the way in which the lighting takes a foreground role in the large wall alongside the entrance mounted with impressive sculptural shapes that mutate with the changing light.

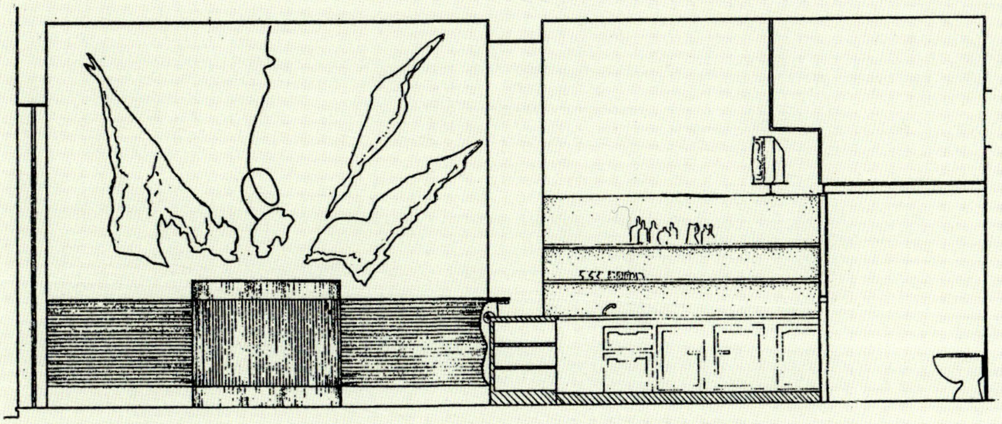

Sezione longitudinale / Longitudinal section A-A

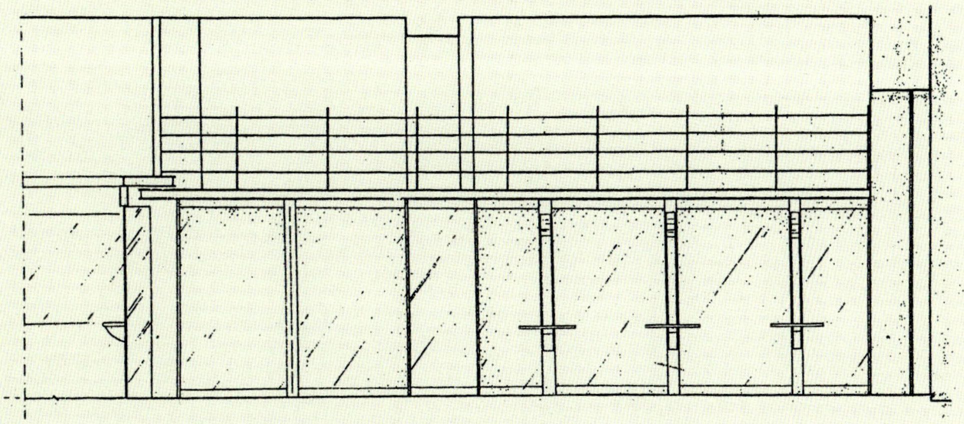

Sezione longitudinale / Longitudinal section B-B

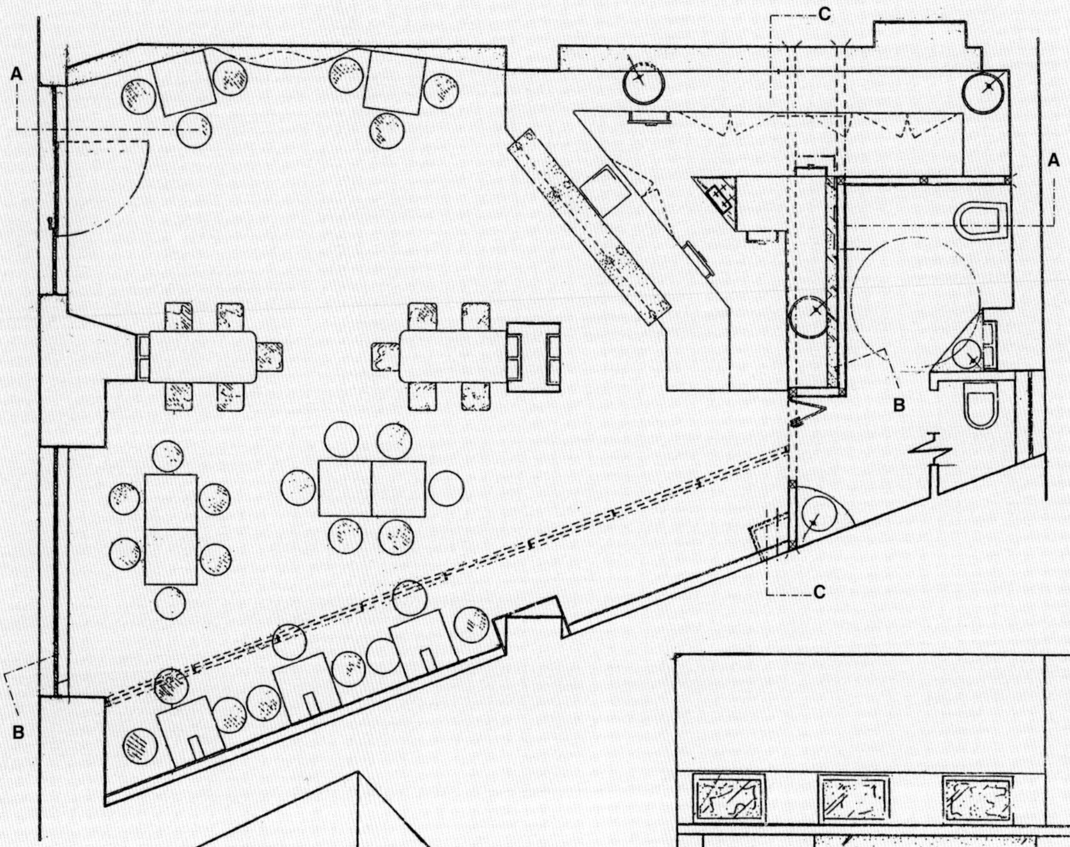


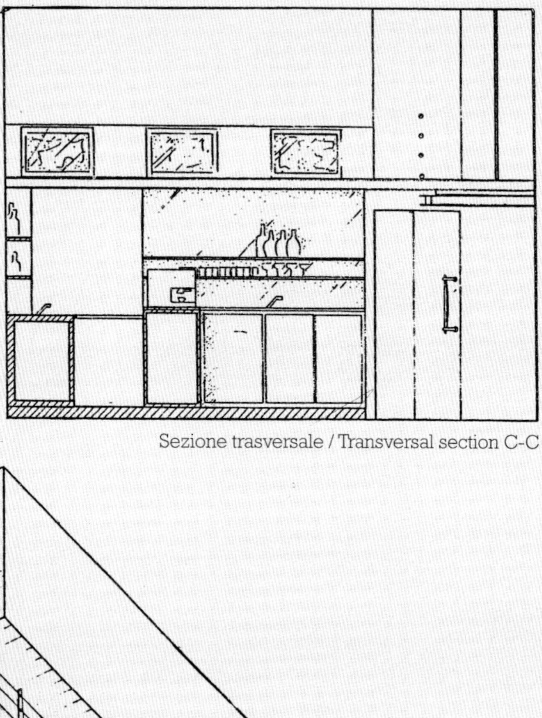

Sezione trasversale / Transversal section C-C

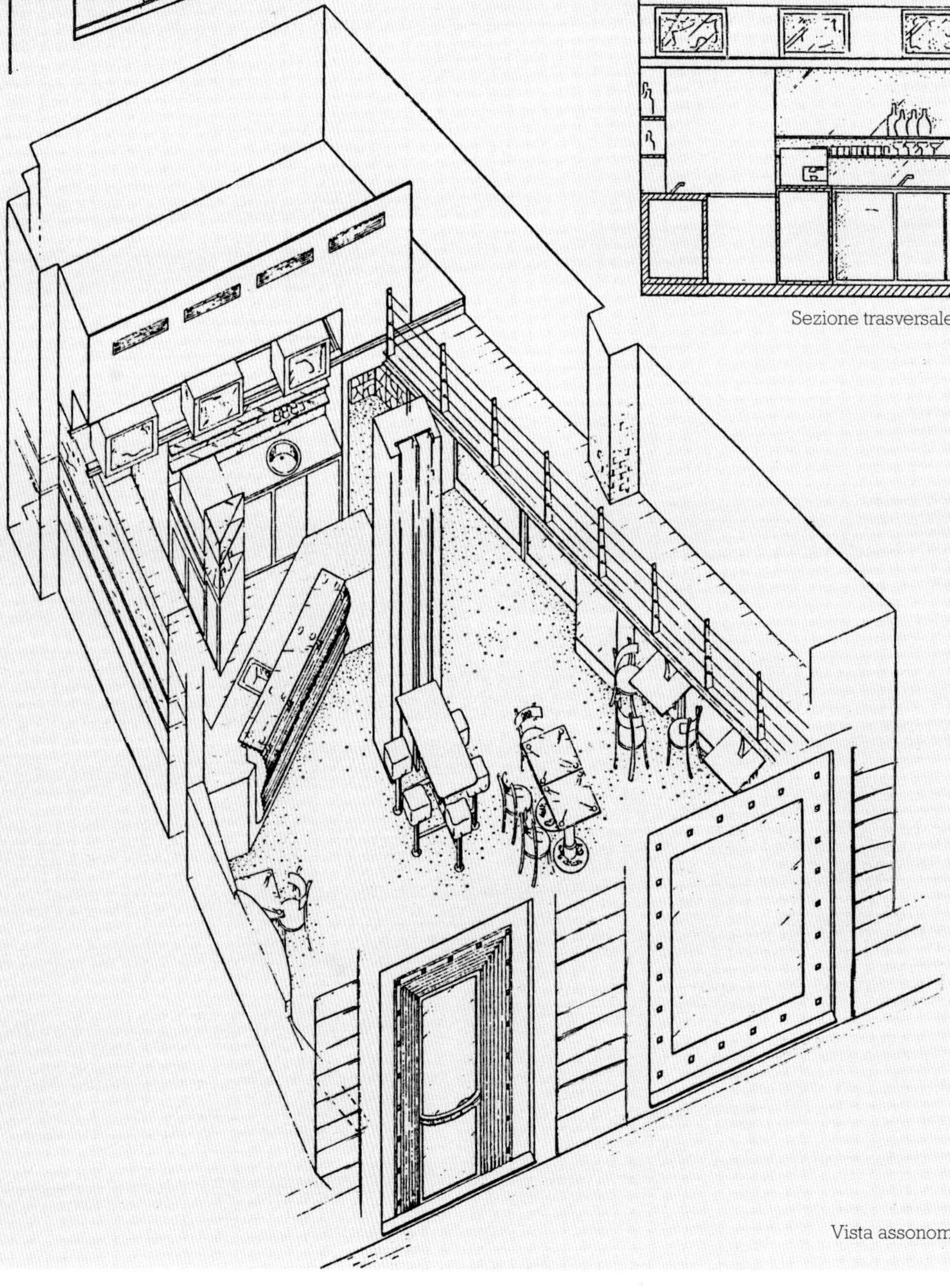

Vista assonometrica / Axonometric view

Ruggero Sintoni

# CHIRIBILLI ART CAFÉ

Bagnacavallo - RA

Il nome deriva da un luogo molto lontano, da Sydney dove c'è una collina dal nome Chiribilli e un locale omonimo. Quello australiano non è propiamente un bar ma piuttosto un luogo aperto a tutti, in cui tutti si sentono a loro agio, come lo definiscono i committenti, uno spazio di libertà del costume. Del Chiribilli australiano il locale romagnolo condivide non solo il nome ma anche lo spirito, trasformando lo spazio in un luogo aperto all'arte, al teatro, alla letteratura attraverso performances, incontri, spettacoli dal vivo. Al Chiribilli non solo si consuma e si condividono momenti di socialità ma si legge e si acquista un libro o si sceglie un CD.

Con queste premesse il tema del progetto architettonico si presentava complesso: se da un lato il contenitore deve essere un involucro neutro in cui far accadere gli eventi, dall'altro il locale deve avere un'immagine caratterizzata. I progettisti fanno una scelta precisa: trattano la scatola architettonica con materiali funzionali e intervengono nel disegno degli arredi con una sequenza di frammenti che evocano una scena teatrale e spettacolare. All'ingresso il lungo bancone del bar è interamente rivestito con tessere di mosaico che mutano colore e texture sotto l'effetto della luce mentre lo spazio dei tavolini è incorniciato da scenografici tendoni rossi che evocano il palco di un teatro. I frammenti si susseguono numerosi: un lampadario come una giostra, le lampade a parete dalle forme organiche, un contenitore in metallo luccicante, un leggio casualmente appoggiato per raccontare ciò che accade ogni sera.

The name Chiribilli is borrowed from a place of the same name on a hill near Sydney. Its twin down-under is not a bar in the strict sense, more of a place devoid of walls or boundaries where guests are welcome to lounge at their ease and feel free to behave as they like. The one featured here shares both name and spirit with its Australian counterpart, and the space has been transformed into an outdoor venue equipped for art, theater, literary encounters, recitals, meetings, and live shows. Chiribilli is a place where people can meet, mingle, and exchange ideas, where they can read a book of their choice or browse the wide range of CDs, with or without purchasing. Given this objective, the design of the new interiors was a fairly complex matter: while it had to provide a fairly neutral and unobtrusive environment for the café-bookstore, it nevertheless needed a distinctive identity. To address this the architects have taken the bull by the horns, and remodeled the architectural container using functional materials, creating an ensemble of furnishings in a sequence of lively fragments designed for maximum visual effect. At the entrance the ribbed front of the long counter unit is a fine mosaic that varies in color and texture according to the lighting; the table area is adorned with thick velvet drapes in deep red like the stage curtain in a theater. The sequence of visual fragments unfolds with a merry-go-round ceiling light, various organic-looking wall fixtures, an illuminated display case, a gleaming metal sideboard, and alongside a music-stand supporting the program of the evening's entertainment.

Chiribilli

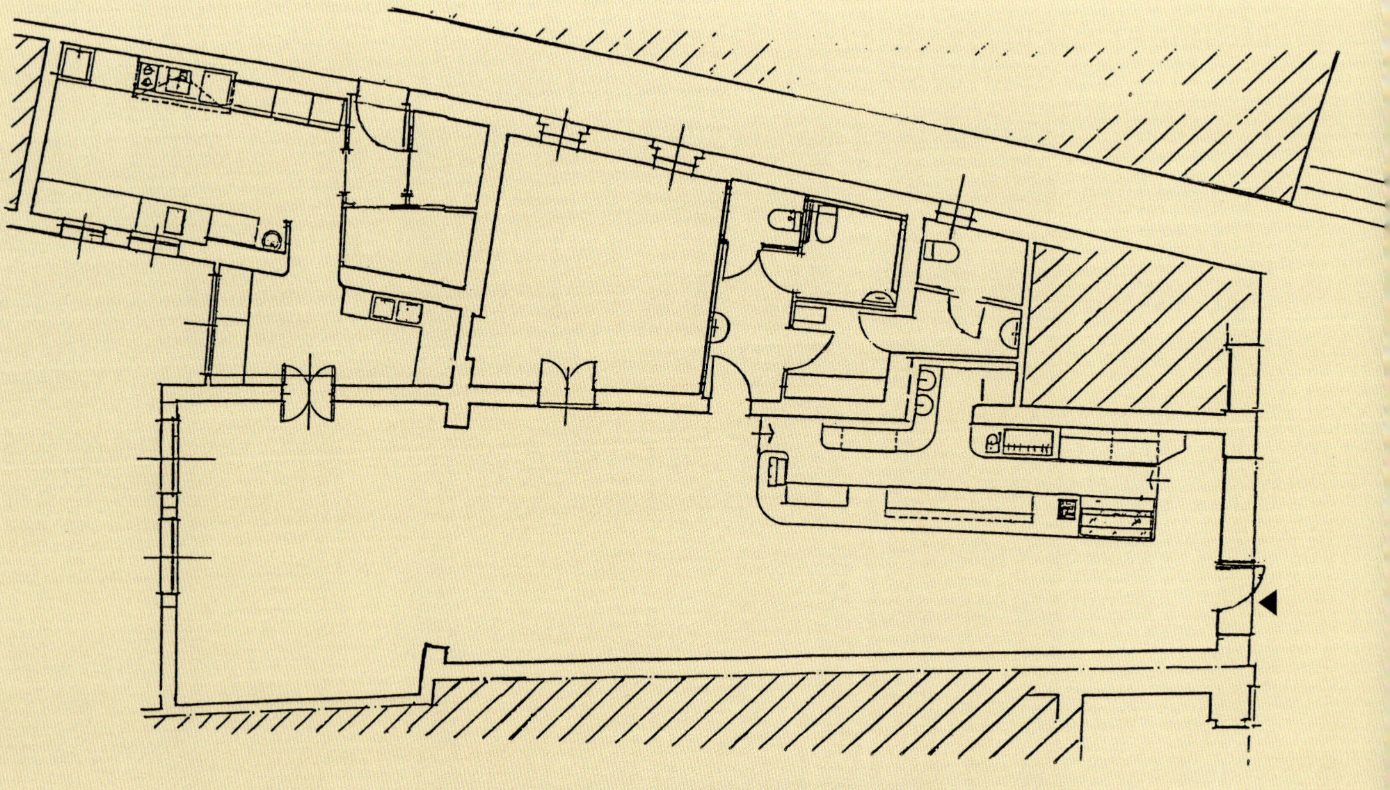

FRANZ KAFKA ISAAC ASIMOV
ALBERTO MORAVIA
TRUMAN CAPOTE

A rose, a rose is a rose,
a rose is a Rose

Nicolò Scarabicchi

# FERROCAFÉ

Finale Ligure - SV

RITORNO

La tradizione dei caffè dei centri storici italiani, soprattutto quando si tratta di piccoli nuclei di provincia, si mantiene inalterata e induce a viverli come parte integrante del percorso urbano. È la sequenza delle piazze, dei monumenti, delle vetrine che permette la lettura di un luogo che si trasferisce nella memoria sotto forma di frammenti visivi che danno vita a un racconto, a un disegno narrato che diventa patrimonio collettivo. Pensare che l'immagine del paesaggio urbano possa essere una sorta di architettura evanescente costruita sul racconto e sulla memoria ha determinato l'idea che ha caratterizzato il progetto del caffè ligure.
Le origini del locale sono lontanissime e datano 1872, anno in cui un navigatore che aveva a lungo viaggiato, fondò una pasticceria in stile Liberty. Per più di un secolo è diventato uno dei punti nevralgici della cittadina attraversando con la sua vitalità tutta la storia recente dell'ultimo secolo, compreso l'arrivo del primo televisore della zona. Negli anni Cinquanta è stato oggetto di pesanti interventi strutturali che hanno snaturato le suddivisioni dello spazio evocate, nel nuovo disegno, nell'articolazione delle diverse aree. Al visitatore è offerta un'esperienza che intreccia i collegamenti tra esterno e interno, tra passato e presente in cui non si colgono i vincoli, anche pesanti, posti dal luogo ma piuttosto il racconto di piccoli dettagli. Il riferimento al passato, nel progetto di rinnovo del locale, era inevitabile ma era possibile solo un restauro ideologico. La scelta è stata, quindi, quella di proporre un progetto che affrontasse il tema con ironia. Ridefinendo la suddivisione degli spazi è stata creata una scena carica di citazioni che si rivelano solo a chi le sa cogliere. Il primo dettaglio si scopre nelle vetrine in cui le luci, con un'operazione di *ready-made*, sono realizzate utilizzando lampadine e scolapasta di uso corrente; moderno design di recupero che diventa Liberty grazie alla modulazione luminosa delle forature sovrapposte. Le vetrate sono realizzate a piombo e ripetono un decoro originale presente nella grafica dei prodotti della pasticceria mentre il concetto di intreccio tra esterno e interno è ottenuto grazie all'inserimento di lampioni in ghisa simili a quelli del centro storico. A questi linguaggi è associata l'immagine della tradizionale pasticceria piemontese, come suggerito dal marketing, che si risolve nell'uso diffuso di una *boiserie* e di elementi e materiali tradizionali.

One of the most renowned and best-loved characteristics of Italy's old city centers is the classic combined pastry and coffee-shop, a traditional feature that is particularly common in the smaller provincial towns and a crucial part of the downtown pedestrian precinct. The picturesque sequence of narrow streets, turnings, little squares, monuments, and shop windows affords a sort of running narrative of place, a series of fragments that relate the life and spirit of the town's inhabitants. That same idea of "telling the story" of the town's collective memory in a series of architectural set pieces is at the heart of the new design for this elegant confectioner's on the sunny Ligurian coast. The original patisserie and coffee shop was founded back in 1872 by a well-traveled seaman who required its interiors to be fitted out in the Italian art deco style known as Liberty. For over a century the fashionable coffee-shop was a focal point of town life, and its various comings and goings have continued through into this century, including the advent of the first television, which was installed in its rooms. The extensive structural alterations that the property underwent in the 1950s had severely impaired the original plan of the rooms, and that layout has now been rehabilitated and carefully integrated with the new configuration. The present scheme involved establishing stronger visual coherence between the interiors and the shop's hallmark pastries and candies. In this way the pastry hall presents a clever collusion of interior and exterior architectural features, a mixture of past and present, in which the actual physical obstacles of the building's structure are played down to give emphasis to the details of the decor. To do this required proceeding with a certain degree of whimsy when handling the existing fabric, in fact the resulting physical rearrangement means that the new set of visual features are not immediately decipherable. The first conspicuous feature is the illumination of the various showcases, which consist of ready-made units neatly transformed into Liberty pieces by means of the regularly placed openings above. The windows are composed of lead panes that reproduce the original cake-shop product signage, while an "exterior" note is provided by the assorted cast-iron columns resembling the street lamps used in the historic town center. All these features are purposefully enhanced with references to the Piedmont concept of the classic confectioner's, with handsome wainscoting and a variety of traditional fixtures and interior detailing.

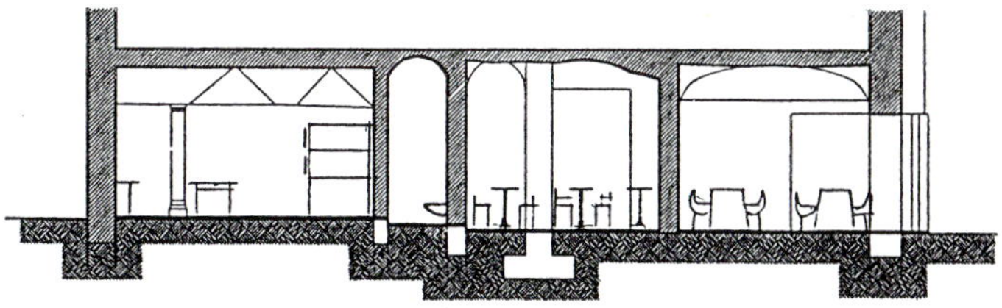

Sezione longitudinale / Longitudinal section A-A

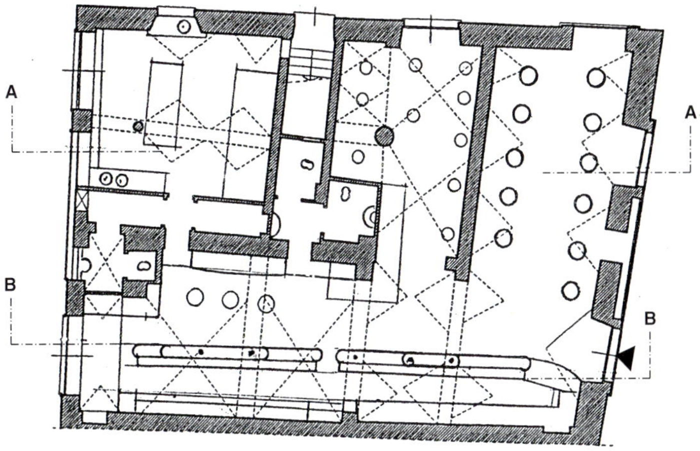


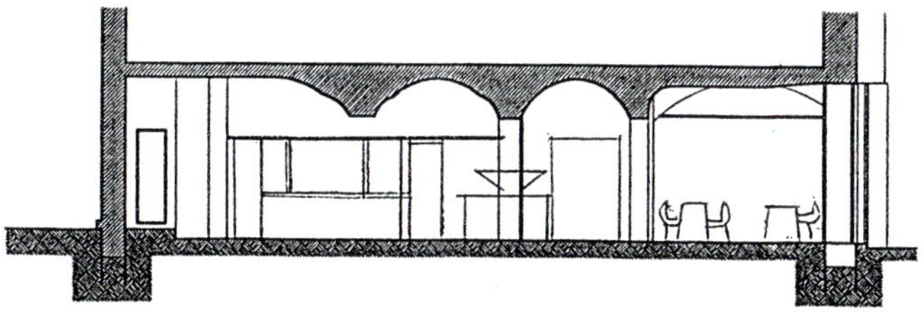

Sezione longitudinale / Longitudinal section B-B

Vincenzo Eusebi

# FOR LOVE OR MONEY

Martinsicuro - TE

Decostruire lo spazio è la parola d'ordine del progetto del pub: una scelta non tanto intesa come linguaggio fine a se stesso quanto come segno contemporaneo che simbolizza l'attività edificatoria che ha sempre contraddistinto la cittadina adriatica. Situato nel basamento di una palazzina degli anni Cinquanta, il locale è contraddistinto da una superficie molto ridotta ricavata dall'unione di due spazi pressoché quadrati, in origine delimitati da una muratura portante a ridosso del vano scala del condominio. L'organizzazione spaziale nasce dalla possibilità di collegare i due spazi, destinati a caffetteria e brasserie-snack, frazionati dal corpo scala esistente. L'involucro originario è stato svuotato ed è stato interpretato come ricoperto da un grande parallelepipedo in acciaio all'interno del quale quattro parallelepipedi colorati si incontrano generando il disassamento dei codici costruttivi. La decostruzione è evidente nell'incastro dei volumi così come dei piani, tra pareti e controsoffitti, e prosegue all'esterno concepito con altri piani accostati all'edificio esistente: un intervento segnaletico e di forte connessione tra esterno e interno, un segno del progetto degli interni che fuoriesce per caratterizzare l'anonimo edificio. La continuità con l'esterno è ottenuta, inoltre, mediante il disegno di una parete-quinta con andamento curvilineo all'interno della quale sono state accorpate tutte le aree funzionali: il bancone e il volume del bar, il blocco bagno e lo spazio cucina.

"Deconstruction" is the watchword for the design of this pub, not so much as a feature of design vernacular in itself, but as a contemporary vehicle symbolizing the distinct flair in the architecture of this town on the Adriatic coast. Housed in the ground story of a small building constructed in the 1950s, this somewhat diminutive pub's distinguishing feature is its intelligent retrieval of an appropriate and functional space from two virtually square contiguous rooms that were originally divided by a wall set into the condominium's stair well. The present layout was determined by the creation of two closely interconnecting spaces that are fitted out with a snack bar, brasserie, and café separated by the existing stair unit. Gutted of all additions, the original architectural shell has been relined to form a large steel parallelepiped encasing four smaller colored parallelepipeds that intersect, interfering with one's perception of the constructional features. The effects of deconstruction can be seen inside in the way the volumes and planes, the walls and lowered ceilings engage, and outside in the levels aligned with the existing building structure, which involves an adroit deployment of signage and strong linkage between interior and exterior, binding the two ambiences. Continuity with the outside is also achieved through the insertion of a curving screen-wall behind which all the service features have been situated, comprising the main counter, the bar itself, the bathroom units and the kitchen enclosure.

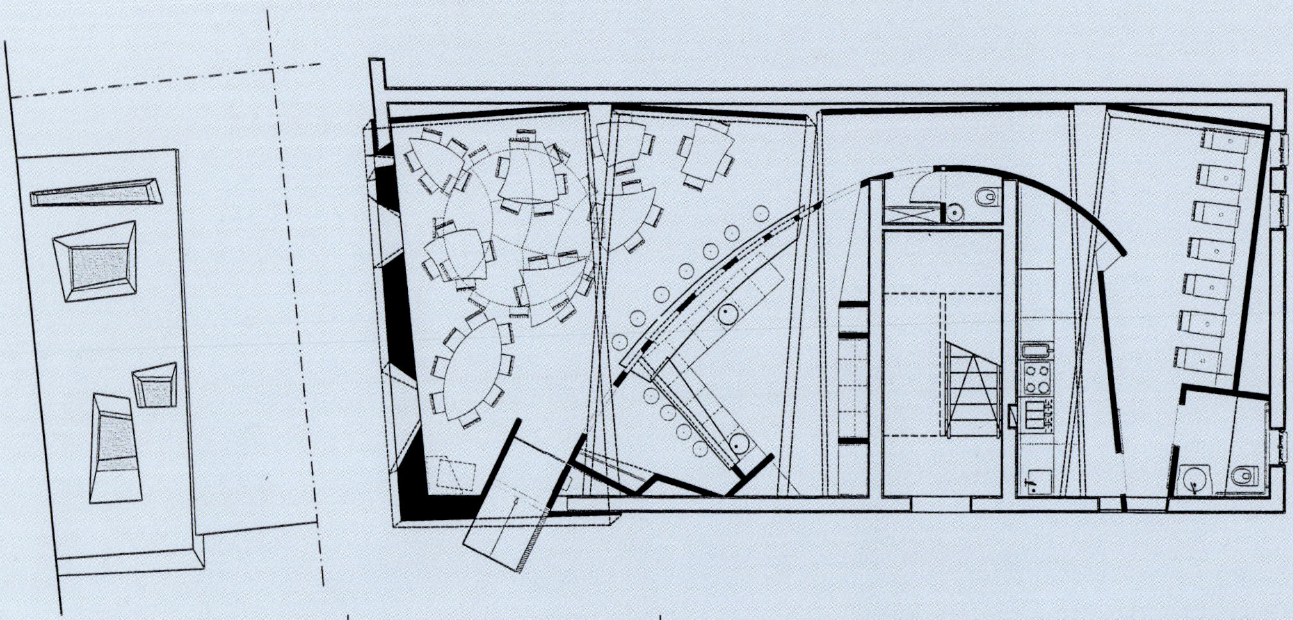

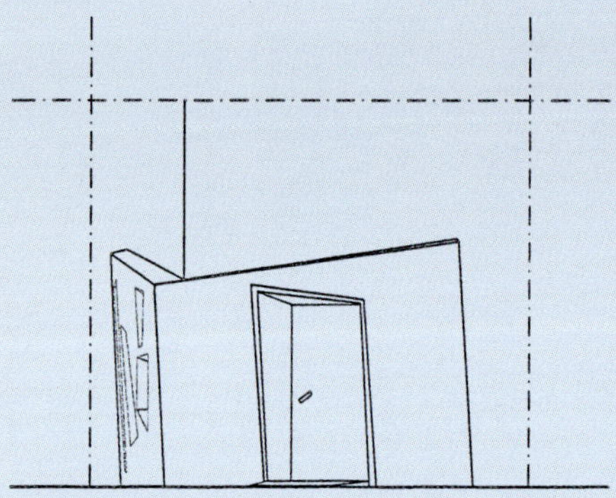

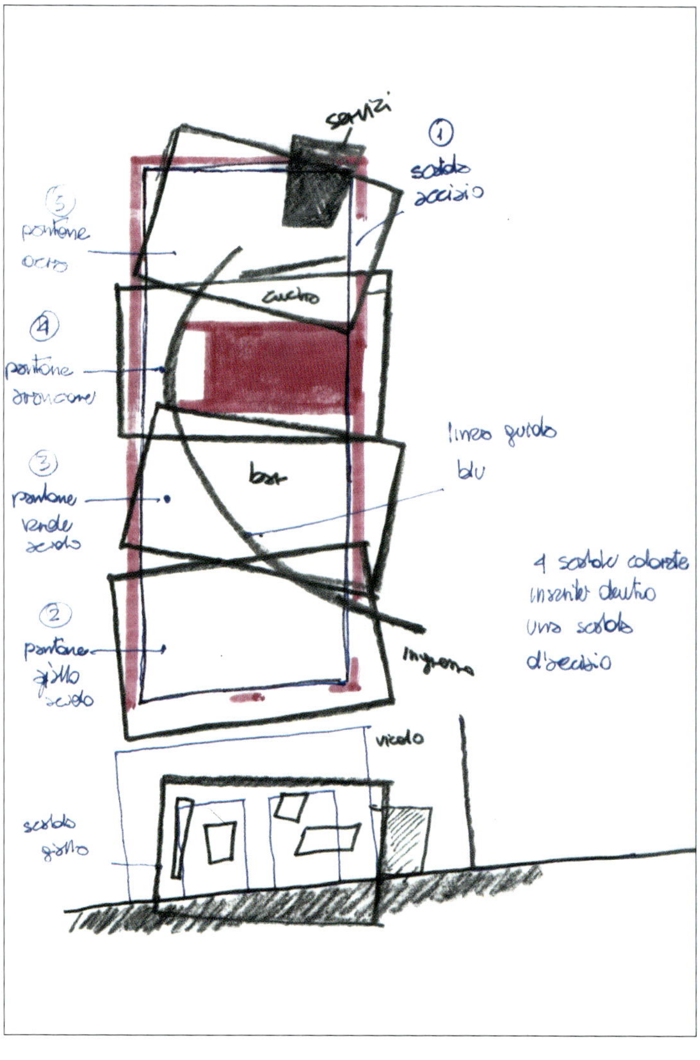
servizi
1
scatola acciaio
5
pantone ocra
4
pantone arancione
cucina
linea curva blu
bar
3
pantone verde acido
2
pantone giallo acido
ingresso
4 scatole colorate inserite dentro una scatola d'acciaio
vicolo
scatola giallo

Antonio Besso-Marcheis

# G. POINT

## Rivarolo Canavese - TO

Il progetto di riqualificazione dei bar o caffè è sempre più spesso oggetto di una ridefinizione della tipologia e delle attività che vengono svolte al loro interno. Aperti in molti casi sia di giorno sia di notte, tendono a integrare le tradizionali funzioni di ristoro, consumo e socialità con funzionalità di altro tipo. Il progetto del G. Point nella provincia di Torino ha offerto un'occasione interessante di sperimentare un bar diurno e notturno attrezzato per condurre esperienze multimediali. Situato all'interno di una galleria commerciale il locale è disegnato come un unico grande spazio il cui fulcro è "l'albero telematico": una struttura dotata di computer, monitor e televisioni che permette collegamenti in rete collocata al centro dello spazio. Questa struttura è realizzata con un carter in lamiera di rame preossidata che riveste i due pilastri dal quale escono due bracci in acciaio che sorreggono due lastre di laminato a specchio e i tubolari per l'illuminazione del bancone del bar e i video. I materiali dell'"albero telematico" diventano il *leit motif* del progetto che si sviluppa sperimentando, indagando e contrapponendo materiali metallici (rame e acciaio) e tecniche di lavorazione che generano numerosissimi patterns e textures (spazzolatura, goffratura, fiammatura, satinatura, preossidazione). Le finiture dei metalli sono protagoniste dell'atmosfera di questo locale poiché la luce riflessa su superfici così diverse si rifrange o ne viene assorbita con effetti infinitamente diversi. Il bancone del bar, per esempio, è costituito dall'aggregazione di volu-

Projects for revamping bars or cafés more and more often involve a complete overhaul of the classic typological criteria and of the activities such places usually play host to. Today, many of the cyber-generation drinks venues are actually open both day and night, and have therefore learned to offer an integrated panoply of services that comprise food, drink and socializing events of varying kinds. The new interior design for G. Point in the province of Turin offered an interesting opportunity to test the idea of a mixed day/nighttime bar fitted out with facilities for multimedia exploration and entertainment. Slotted into a shopping mall, this drinks bar is designed as a large walk-through open space that pivots significantly on a treelike high-tech pier that contains centrally located workstations connected to the Internet. This pivotal unit consists of a pair of columns sheathed in oxidized sheet metal, from which emerge various metal buttresses arrayed with tubes for the lighting over the service counter and the video screens. The materials and finish of the central pier become a visual landmark anchoring the concept of the entire project, which unravels in a series of experiments with materials, prodding and probing, creating imaginative counterpoints between metal (copper and steel), and techniques of finish to generate a multitude of patterns and textures (brushed, embossed, flame-treated, satinized, oxidized). In fact the manifold finishes of the metalwork are a key ingredient of the new décor, as they variously reflect or absorb the

mi prismatici e sfaccettati in acciaio spazzolato e rame al naturale in cui, in corrispondenza dello zoccolo, sono stati inseriti tubi fluorescenti che riflettono la luce sulla pavimentazione in acciaio creando un effetto suggestivo. All'albero telematico è contrapposto da un lato il bancone del bar e dall'altro lato una zona più riservata, concepita con un arredo che ricorda l'interno di un vagone ferroviario. È evocativa del concetto di viaggio dal più tradizionale a quello immediato sulla rete Internet.
Al tema della luce il progetto riserva un'attenzione particolare tanto da far diventare un'intera parete lo sfondo per una scultura luminosa: un sofisticato fascio di fibre ottiche che muta colore e intensità e che, sinuosamente, anima una superficie. L'arredo dei tavoli declina i materiali metallici, rame e acciaio, già impiegati nei rivestimenti così come nelle lampade a sospensione realizzate su disegno ritagliando una lamiera di rame legata con filo d'acciaio.

surrounding colors, creating an infinite range of chromatic effects. The counter of the bar itself is a composite volume of prisms and oblique surfaces expressed in brushed steel and untreated copper trimmed with a skirting illuminated by fluorescent tubes that cast light on the steel floor to striking effect. Providing visual counterweight to the technological centerpiece is the sweeping counter on the opposite side, respectively offset by a lounge area with seating resembling a railway compartment, suggesting an idea of travel that ranges from traditional means of transport to websurfing and other Internet services. As for the lighting system, this was considered important enough to emblazon the entire end wall with a sinuous illuminated sculpture composed of optic fibers that pulsates and constantly changes color. The frames of the tables again resort to the same copper and steel used for the fittings, and likewise the overhead lamps, with their shades of perforated steel suspended on wires.

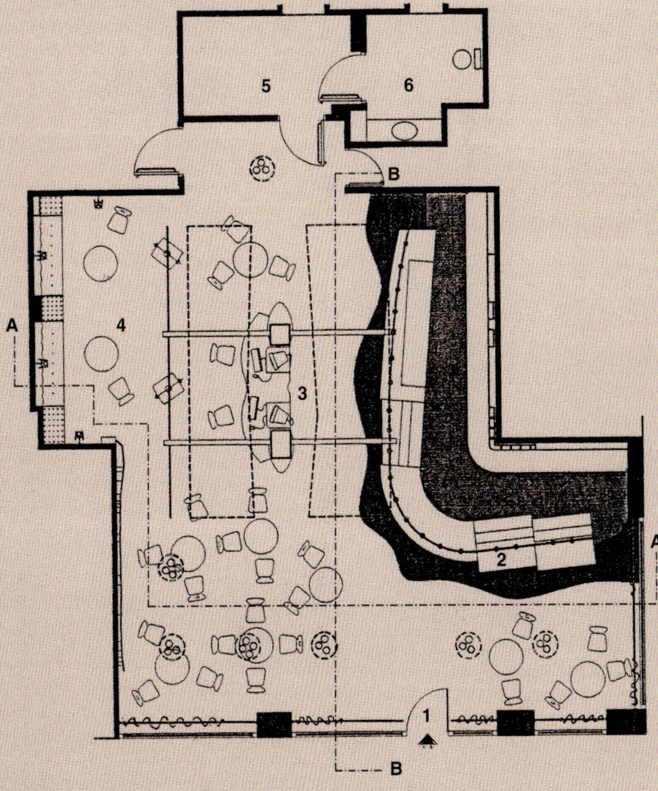


1 - Ingresso / Entrance
2 - Bar
3 - Albero telematico
Telecommunications point
4 - Salotto ferroviario / Station lounge
5 - Guardaroba / Cloakroom
6 - Toilettes / Toilets

Panasonic

Sezione trasversale / Transversal section A-A

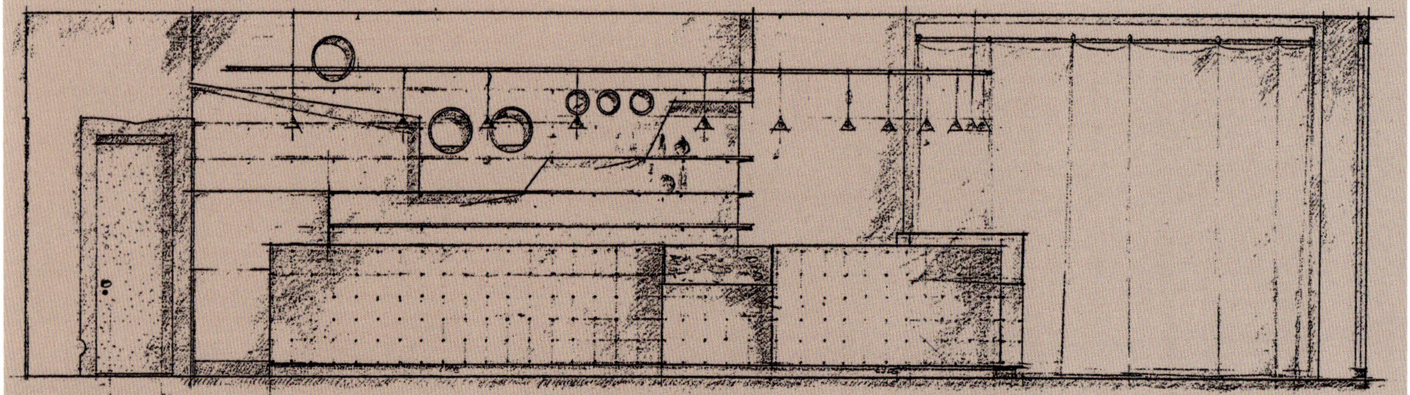

Sezione longitudinale / Longitudinal section B-B

UdA ufficio di architettura

Davide Volpe

# LA BARRACA

Biella

Una rappresentazione all'interno di una scena rarefatta è il filo rosso del progetto del circolo biellese destinato a bar oltre che a spazio per incontri e mostre. Collocato in un edificio industriale della fine del secolo scorso, una volta sede di una manifattura tessile, l'intervento ha previsto una precisa ripulitura dello spazio da tutte le superfetazioni che nei decenni ne hanno snaturato le caratteristiche. Questa operazione ha permesso di esaltare il senso di sospensione nel vuoto che caratterizza l'intero edificio affacciato sul fiume: un involucro nudo, scarno ed essenziale con un contenuto a bassissima densità. In accordo con questa poetica il contenitore murario viene smaterializzato e questa operazione è rafforzata dall'utilizzo di componenti permeabili alla vista, non setti pieni ma filtro, sofisticati e artificiali che non chiudono ma schermano interpretando materiali quali il vetro o il plexiglas. La percezione di spazio rarefatto è vissuta da chi entra già nella zona dell'ingresso in cui è costruita un'architettura dentro l'architettura, a forma di cannocchiale puntato sull'esterno attraverso una delle grandi finestrature quadrettate, memoria della morfologia della manifattura. Da qui si accede al locale vero e proprio in cui il piano di calpestio del pavimento è inclinato verso le finestre contribuendo a sovvertire i punti di riferimento dello spazio. Tutto l'interno e ciò che filtra all'esterno è risolto attraverso un gioco di apparenze. Il senso di immaterialità è rafforzato sapientemente da un altro trucco della scena; alla superficie neutra dei pavimenti rivestiti in resina, con un'inversione dei pesi visivi delle componenti architettoniche, si contrappone la superficie dei controsoffitti che si anima attraverso grandi teli retroilluminati stampati come i negativi delle fotografie, ancora un'immagine desueta, immateriale. Gli arredi fanno parte della narrazione, essenziali come la morfologia dello spazio, realizzati su disegno, in plexiglas e multistrato di legno curvato, sono segni ripetuti nello spazio, identici, ritmici, rarefatti.

"Back to basics" is the likely motto behind the conversion of this former association club-house in Biella into an appealing new cocktail bar equipped with meeting and exhibition facilities, where the installation has been purged of all superfluity and reduced to the bare essentials. Berthed in a factory building constructed in the late 1800s to house a textile works, the present refurbishment project involved stripping down the premises to its primitive state, removing the clutter of superfluous features that had accumulated over decades of alterations, marring the original fabric. Thus stripped bare, from its position overlooking the river the building seems to hover in a sort of skeletal simplicity, its contents likewise reduced to the basics. With this philosophy in mind, the container has been made lightweight through the dexterous use of components that are visually permeable, eschewing opacity in favor of transparency by an extensive use of glazing and Plexiglas to create filters rather than solid walls.
The impact of this rarefied enclosure can be felt immediately upon crossing the threshold into the lobby area, a form of architecture within architecture, telescoping toward the exterior through the large squared windows that hark back to the building's days as a textile works. From the entrance one passes into the main room in which the floor slopes upward slightly toward the windows, subverting one's perception of space. The interiors and what filters through from outside are carefully played off against each other in a game of appearances. Further to this "dematerialization" effect, another trick is brought into play, by which the plain resin floors are offset by the more assertive lowered ceilings composed of expanses of backlit canvas with designs printed like photographic negatives, creating once more an unusual impression of filmy weightlessness. Needless to say, the furniture conspires with the theme of spareness, all custom-designed in Plexiglas or bent plywood, creating an intricate system of reiterated shapes and rhythms, filmy and dissolving.

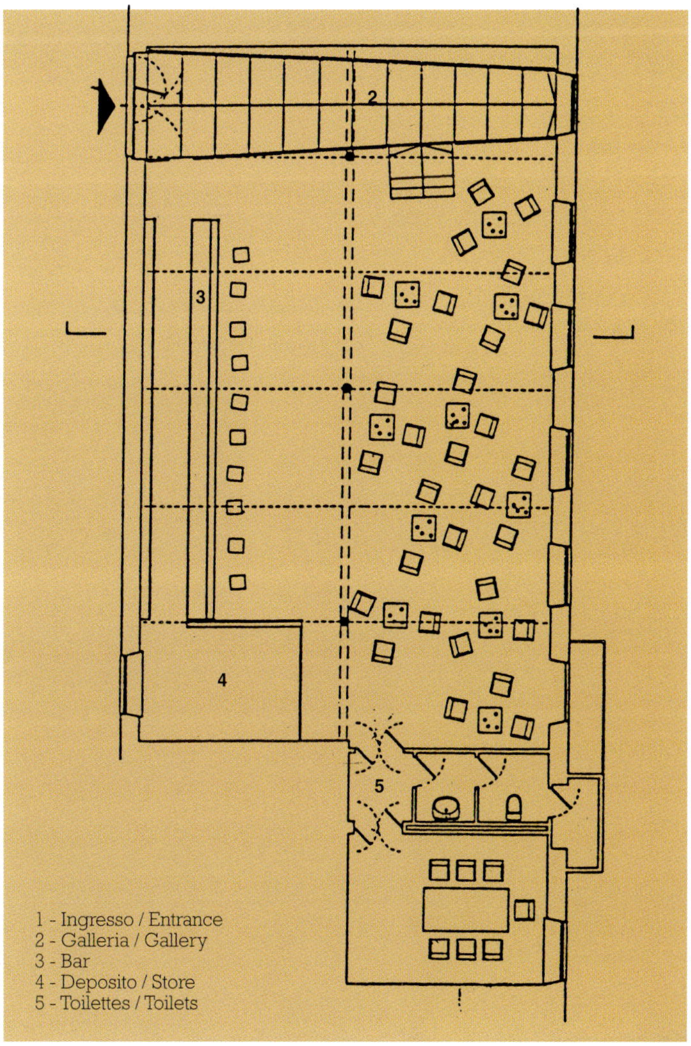
2
3
4
5
1 - Ingresso / Entrance
2 - Galleria / Gallery
3 - Bar
4 - Deposito / Store
5 - Toilettes / Toilets

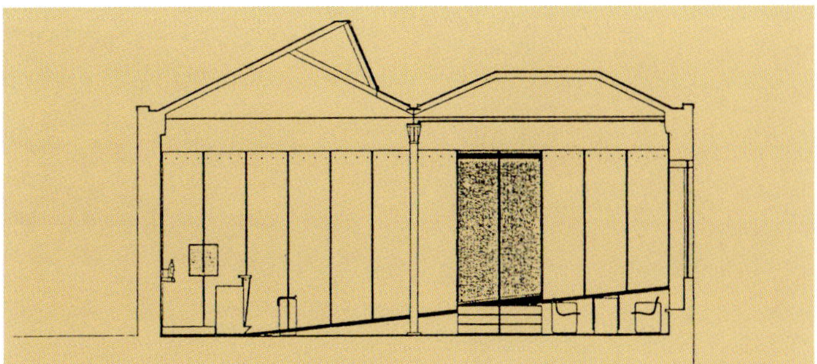

Sezione trasversale / Transversal section

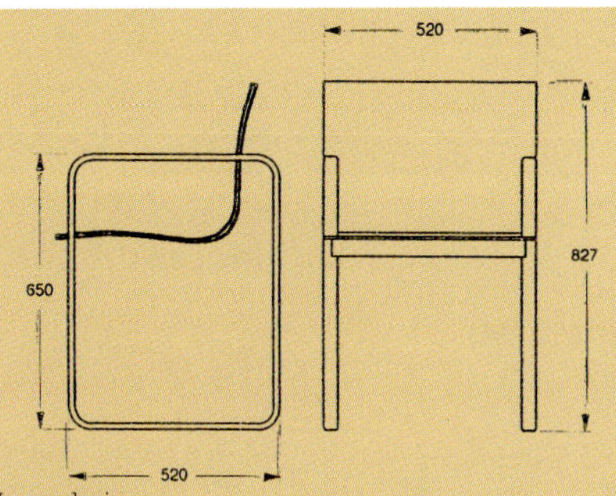


Poltroncina / Arm-chair

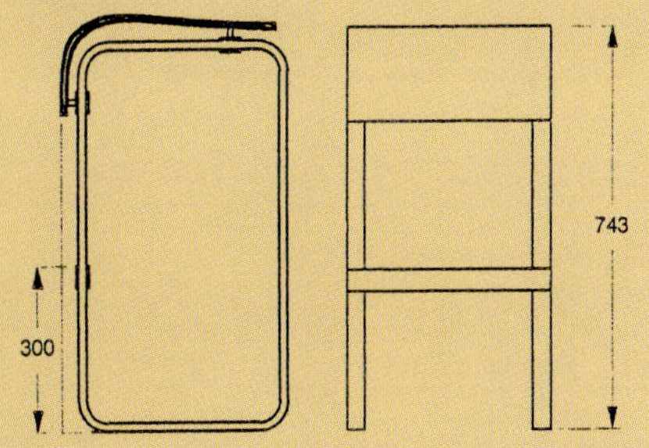


Sgabello / Stool

Grazia Ghetti

Corrado Venturini

# LE SCIMMIE

Faenza - RA

Coors

La *mission* del progetto è precisa: trasformare radicalmente l'immagine di un locale "storico" in ristorante e disco-bar di tendenza per un pubblico giovane. Si tratta di un luogo ancora vivo nella memoria della città ma negli anni scaduto e divenuto un locale da ballo frequentato da un pubblico esclusivamente adulto. Le componenti principali di progetto sono state individuate nella luce, in un materiale, l'acciaio inox, e nel colore, tutti utilizzati in relazione sinergica tra loro con l'obiettivo di caratterizzare lo spazio con un'immagine forte, immediatamente percepibile e riconoscibile.
La luce gioca un ruolo primario poiché permette di realizzare due scene diverse tra loro, una, in prima serata, per il ristorante, l'altra, nelle ore notturne, per il disco-bar. Elemento conduttore di tutto l'allestimento è l'acciaio inox, un materiale di derivazione industriale nella sua declinazione in fogli di lamiera, utilizzato sia come rivestimento di pavimenti e pareti sia come materiale per il banco del bar o la cabina d.j. La lamiera d'acciaio è utilizzata con finiture diverse, liscia, zigrinata, riflettente, opaca con effetti di dilatazione dello spazio e di continuità tra le diverse aree. Infine, il colore riveste le pareti di fondo e viene richiamato nelle imbottiture delle sedute generando un effetto visivo di maggiore spazialità.

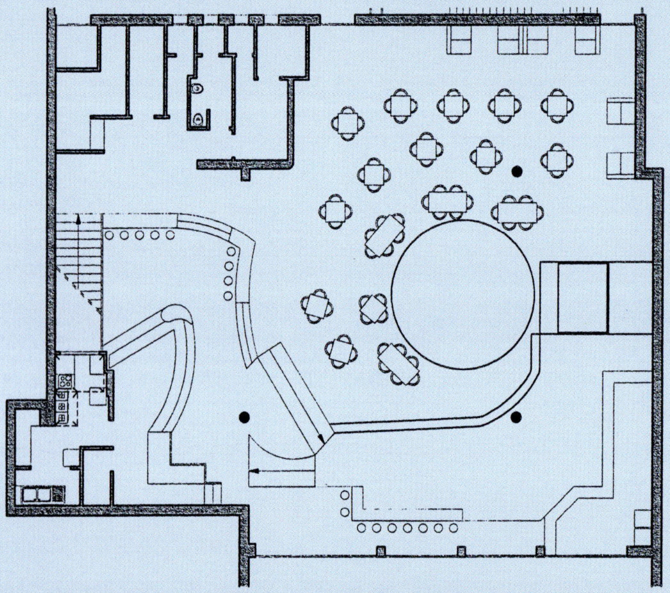

The "mission" behind this refurbishment scheme was to take a defunct ballroom with a certain tradition to its name, and radically transform it into a new upbeat restaurant complete with a disco-bar retargeted to a young clientele. Memories of the original premises are still fairly vivid, though it had long fallen into neglect and was converted for use as a ballroom strictly for an adult crowd. The main hallmarks of the new project are ostensibly the handling of the lighting, the extensive use of stainless steel, and the color scheme, which collude to set the tone for an upbeat gathering place with a vibrant, immediately recognizable identity. The lighting system is devised to create two distinct ambiences like stage sets, one for the leisurely meal in the early evening; the other a disco/bar zone for bopping deep into the night. The recurring motif to which the interiors make continual reference is the application of stainless steel to give the place a clunky factory feel, not only for the floors and walls but also for the bar-counters and the disc jockey's booth. Steel plating is used in a variety of different finishes, here corrugated or opaque, there reflecting a distorted view to give a sense of continuity to the different areas. Lastly, the colors of the back wall are resumed by the upholstered stools, visually dilating the space.

LE SCIMMIE
cucinadiscobar

LE SCIMMIE
LE SCIMMIE

Marcello Panza
Claudio Giunnelli

# MAGRITTE
Caserta

Una *wunderkammer* tra surrealismo e pop art è ciò che si presenta a chi si avventura al Magritte; "meraviglie del mondo animale, vegetale, minerale; oggetti trovati e interpretati, oggetti d'arte etnografica, alcuni precursori e compagni di strada" avrebbero detto André Breton e Paul Eluard, due dei padri del surrealismo.
Nel nome è già contenuto buona parte del suo senso: il desiderio di tributare un omaggio al surrealismo e alla pop art e un pretesto per indagare aspetti formali ed estetici cari a quei movimenti artistici contraddistinti dalla volontà di guardare il mondo da un altro punto di vista.
Il locale si propone come reinterpretazione del *café chantant* in chiave contemporanea in cui convivono ristorazione, american bar, caffetteria e discoteca con un progetto dell'intrattenimento collettivo diversificato, adatto a rispondere alle esigenze di flessibilità e di contaminazioni tra scenari e immaginari del giovane pubblico. Lo spazio della scena gioca un ruolo preminente e si definisce come un contenitore perfetto, teatrale, evocativo. È pur vero che lo spazio del Magritte contiene un senso di teatralità intrinseco; era il teatro del centro storico della città, trasformato in cinema e, successivamente, occupato da un *atelier* della moda: un filo rosso tra creatività e finzione è ciò che il progetto è riuscito a conservare del passato. L'intervento del Magritte va annoverato nella tipologia di quei locali notturni in cui si coglie l'esaltazione del concetto di teatralità. Philippe Starck è stato padre di questa idea quando nel ristorante "Teatriz" (il nome non è casuale) o nell'albergo "Royalton" ha rimesso in scena i luoghi dell'intrattenimento togliendoli dall'aura del *kitsch* e restituendo loro il valore dell'immagine. La tipologia del teatro a doppia altezza, con la balconata che fa percepire i rapporti spaziali in maniera opposta rispetto alla "platea", il palcoscenico con il suo ruolo chiave di spazio dedicato all'evento è particolarmente adeguato per l'obiettivo espresso dal progetto.
Il palcoscenico è una vera scena surrealista, in bilico tra una connotazione reale e un senso rarefatto dello spazio e del tempo. I banchi dei bar sono la materializzazione di quei codici espressivi e formali che costituiscono il vocabolario surreale e il fuori scala pop: le mele di Magritte, una gigantesca *baguette*, un fondale grafico in cui le nuvole si alternano alle sensualissime labbra rosse.
Nello spazio a doppia altezza scendono dall'alto grandissime uova che mettono in gioco lo smarrimento che si prova quando Claes Oldenburg ingigantisce una macchina da scrivere o l'intramontabile Andy Warhol costruisce la lattina della Campbell come una microarchitettura o una grande scultura. Le tende in tessuto rosso, le quinte colorate, il soffitto blu notte sono gli elementi al contorno che tramutano l'involucro architettonico da contenitore silente a spazio forte, connotato, parlante, parte integrata di quella scena che si replica ogni sera.

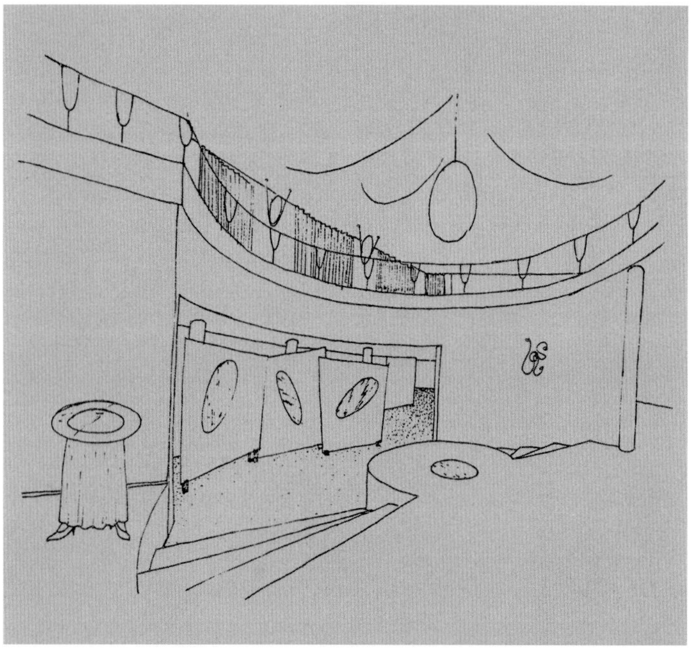

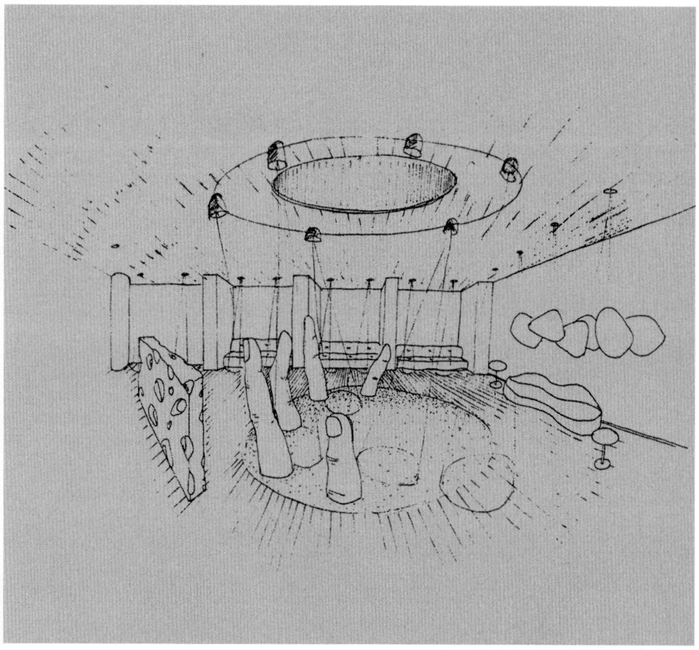

Schizzi prospettici / Perspective sketches

Visitors to this weird and wonderful night venue in Caserta, near Naples, are greeted by a delightful *wunderkammer*, a veritable chamber of marvels cutting a fine line between Surrealism and Pop Art – almost worthy of the manifesto of the two fathers of Surrealism André Breton and Paul Éluard ("marvels of the animal, vegetable, and mineral world; *objets trouvés* and reinvented objects, ethnographic art objects, precursors and traveling companions"). The name itself betrays something of the architect's choice of vocabulary: a homage to two mainstream art movements of the twentieth-century, and an excellent pretext for testing the formal and aesthetic lodestone of Breton & Co., whose specialty was taking a bizarre angle on reality. The coffee-shop is a reorchestration of the classic French *café chantant* in a contemporary key that comprises an eatery, cocktail lounge, coffee-shop, and discotheque, thereby compacting various forms of collective entertainment in order to guarantee flexibility and easy interfacing with young people's idea of a fun night out. It happens that the building itself has solid links with things theatrical, inasmuch as it was actually once Caserta's downtown playhouse before it was converted to a movie theater, and subsequently used as the atelier of a fashion designer. The new interiors have managed admirably to conserve a strong sense of continuity with the building's past. The guiding concepts underlying the design of Magritte and similar night venues are spectacle and high-octane décor. The French designer Philippe Starck pioneered this design language with his refurbishment of the "Teatriz Restaurant" and the "Royalton Hotel", by which he established an entirely new aesthetic and helped salvage club design from the miasma of kitsch in which it was mired. The theater-type two-tiered ambience, with a balcony-gallery giving a sense of spatial dominance over the "stalls" below and a dedicated "stage"area for performances, offers a particularly appropriate setting in which to develop the type of atmosphere this installation aims to achieve.

The "stage" is an authentic slice of surrealistic *mise-en-scène* that vacillates between the real and the elusive, in terms of both time and space. The bar counters are materializations of expression and form that belong to the surrealist vocabulary and overscale pop mode: the Magritte apple, an outsize French bread-stick, graphic backdrops where giant pairs of lips float across seas of whispy clouds. Hanging over the two-tiered area huge egglike orbs pay homage to Claes Oldenburg's gigantic typewriter and to Warhol's serial recomposition of the Campbell's soup can into works of micro-architecture or giant sculpture.

The heavy red drapes, colored backdrops, night-blue ceilings enwrap the space and transform the unassuming architectural shell into an assertive, outspoken environment freighted with significance and ready to match the patrons' energy through into the night.

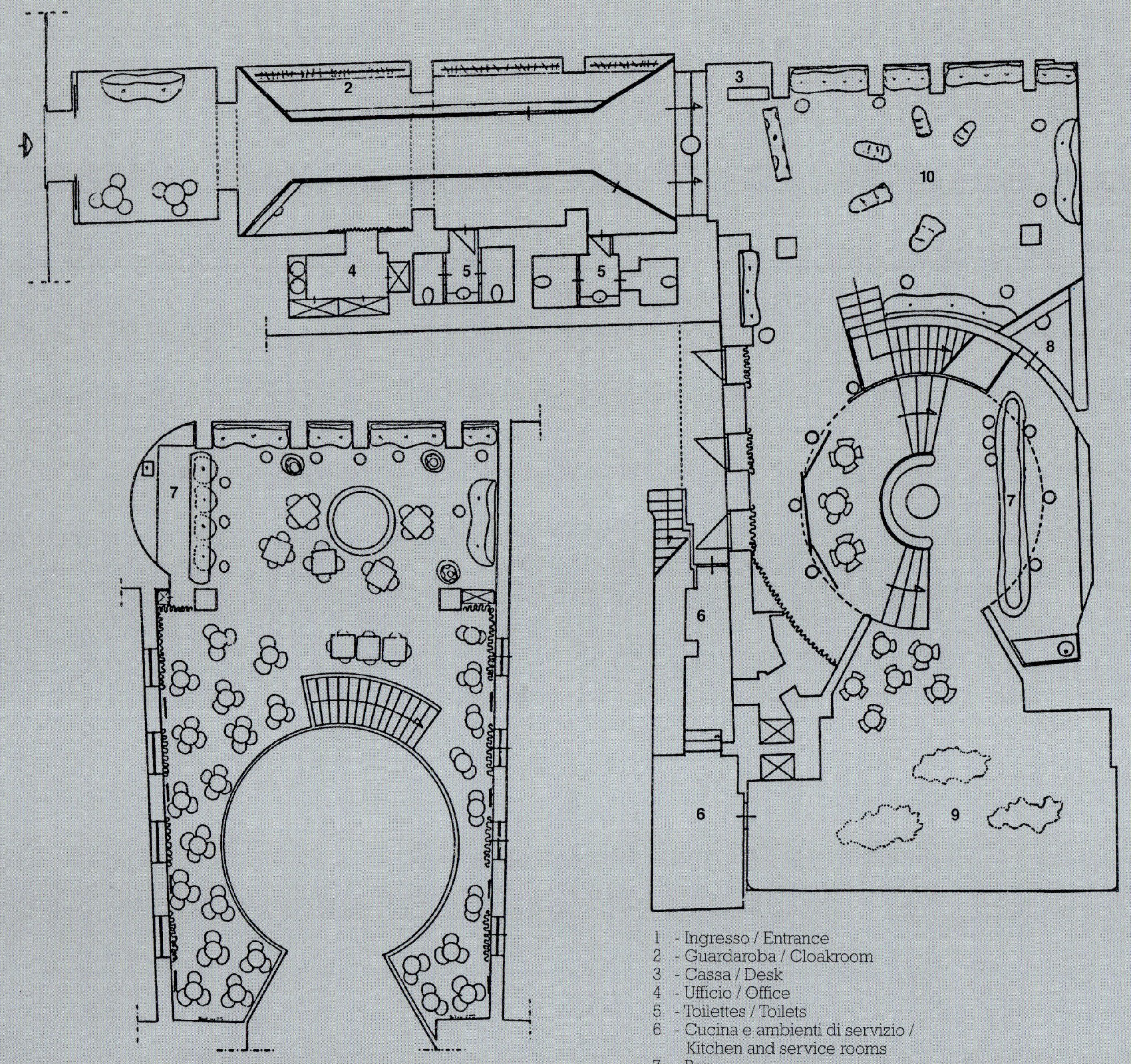


Primo piano / First floor

1 - Ingresso / Entrance
2 - Guardaroba / Cloakroom
3 - Cassa / Desk
4 - Ufficio / Office
5 - Toilettes / Toilets
6 - Cucina e ambienti di servizio / Kitchen and service rooms
7 - Bar
8 - Cabina dj / Dj cubicle
9 - Palcoscenico / Stage
10 - Dancing area

# MAMAMARA

Prato

Il senso del progetto di questo locale è di offrire un ambiente in continuo divenire in cui discoteca, ristorante e pub si fondano indissolubilmente per trasformarsi in un *work in progress* nel ritmo metropolitano.
Collocato al quinto piano di un edificio per uffici adibito a sala mensa il progetto imposta l'articolazione degli interni eliminando le gerarchie, togliendo il palcoscenico, annullando il confine tra attore e spettatore. Tutto è sullo stesso piano con un forte senso di simmetria e di assialità verso due punti focali. La conversione di uno spazio anonimo utilizzato di giorno in un locale dell'intrattenimento della notte è l'obiettivo da raggiungere. Dell'involucro esistente il progetto mantiene ed esalta la geometria rettangolare mentre rifiuta qualsiasi altro riferimento o legame. È percepibile immediatamente l'attenzione data all'ordine inteso come ricerca dell'essenziale, come definizione del luogo in cui ognuno degli elementi deve essere posizionato, che si traduce, ad esempio, nell'uso ritmico delle colonne nei lati lunghi della sala. La scansione delle colonne definisce gli spazi per le sedute costituiti da divani a incastro, tavoli di legno e mosaico e sedie. L'*enfilade* delle colonne conduce a uno dei punti focali del locale: il videowall. Incastrato in un portale, componente architettonico archetipo del costruire, è il simbolico accesso della mente all'infinita immaterialità della rete e il richiamo ai flash della luce, alla scena in divenire della notte.
Razionalità e ricerca di simmetria si ripetono nel lato opposto al portale del videowall dove l'unico elemento di rottura è rappresentato dal banco del bar. Ha la sagoma della prua di una nave, ingombrante ma morbida, in cui i materiali, legno e ferro arrugginito, testimoniano l'esistenza di un'archeologia meccanica sotterranea.
I materiali dei rivestimenti sono dissonanti: al ferro arrugginito dei pavimenti si contrappone il fondale del bar in tessere di mosaico dorate mentre la parete coloratissima e materica si affaccia verso quella leggera, quasi immateriale, tra le colonne e, ancora, sul volume pesante del banco bar si appoggia una superficie smaterializzata e traslucida.

The guiding logic behind the design of the new interiors of this night venue is the seamless integration of discotheque, restaurant and bar, establishing a sort of work-in-progress that is apace with the host city's own rhythms and driving energy. Located on the fifth floor of an office block previously allocated as a staff canteen, the conversion involved reorchestrating the layout and eliminating the obtrusive spatial hierarchies, removing the "stage" and thereby annulling the dichotomy between actor and spectator. Spread out organically over a single floor level the space's symmetry has been enhanced by orienting the visuals along an axis running between two forceful focal points placed at either end of the room. The outcome is a total transformation of the former daytime cafeteria into an arresting venue for evening entertainment. The strictly rectangular plan of the original architectural shell has been given absolute precedence over all other points of reference. The immediate impression one gets upon entering is of a lean and essential linearity in which every feature has been exactingly positioned, with a precise spacing of columns to mark off each of the sitting enclosures composed of an engaged wall bench and wood and mosaic table, creating an elegant enfilade that leads the eye toward the primary focal point of the nine-screen videowall unit at the end. This unit establishes a classic architectural portal, albeit a purely mental one, whose flickering light beckons across the threshold of the night. Opposite the videowall the idea of rationalization and symmetry is taken a step further in the design of the bar, whose counter extends outward in an assertive but sinuous prow-shaped unit composed of wood and rusted metal, like a hoary relic of some imaginary "mechanical archaeology" The choice of surface treatments likewise aims to strike up deliberate contrasts: the rust-effect floors are offset by the golden mosaic finish of the wall behind the bar, and the strong hue of the columns is contrasted by the almost weightless pale paneling of the intermediate spaces, while the top of the bar console itself is a river of translucent glass.

BACARDI

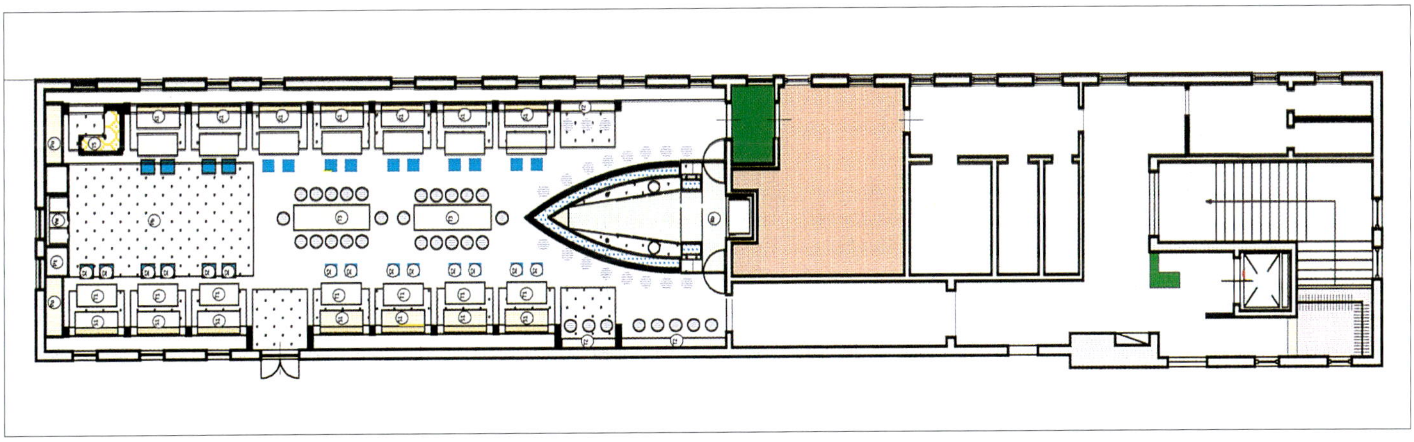

Mauro Baracco

Marco Romanelli

# NUVOLARI

Cuneo

Il bar ristorante Nuvolari, il cui nome fa trasparire il desiderio di tributare un omaggio al campione automobilistico della prima metà del Novecento, non solo vuole riferirsi a tempi e linguaggi del Razionalismo italiano degli anni Venti e Trenta ma riecheggia lo spirito e il fervore popolare con cui il corridore è stato ammirato e celebrato.
Il locale nasce dall'unione di più spazi nel centro storico della città che, in origine, funzionavano come magazzini-frigorifero a servizio del mercato di Piazza Virginio.
L'intervento ha, in primo luogo, creato la comunicazione tra l'ambiente dei tavoli e la stanza del bar aprendo tre varchi nel muro di confine tra i due magazzini e ha poi aggiunto un'ulteriore separazione tra il bar e la zona dei servizi e della cucina. Quest'ultima è stata disegnata non solo come setto ma anche come parete attrezzata con nicchie atte a contenere le attrezzature del bar. La particolare licenza a titolo di club privato, di cui il locale disponeva in origine, ha posto la necessità di creare una bussola di ingresso, con funzione di schermo, realizzata in tessuto damascato. Alcuni anni dopo il primo intervento, in seguito a ristrutturazioni gestionali da parte dei committenti ed esercenti del locale, il bar-ristorante ha mutato il nome in Nuvolari Mediterraneo enfatizzando il carattere di mediterraneità del nuovo servizio di ristorazione offerto. Molti degli interventi del progetto del 1987 sono stati irrimediabilmente manomessi e trasformati e la nuova sistemazione ha cercato di stabilire una connessione, perlomeno a livello concettuale, con quel primo segno di articolazione spaziale. La cucina è stata ampliata, alcune nicchie preesistenti nei muri perimetrali sono state trasformate in contenitori; la bussola d'entrata è stata eliminata poiché non più necessaria; i colori rosso e bianco, con cui sono state trattate le murature, continuano a dialogare con la tradizione del Razionalismo, nel segno di Gio Ponti, Adalberto Libera e altri. Del primo progetto è stato mantenuto, inoltre, lo spirito popolare del locale anche nel disegno degli arredi e nell'utilizzo di materiali come il marmo di Carrara venato che ha sostituito le tessere di mosaico.

This combined restaurant and bar named after the great Tazio Nuvolari, an Italian racing-driver who soared to fame in the early 1900s, aligns itself unashamedly with the period and tone of the Italian Rationalist movement of the 1920s and '30s that flourished in the intrepid Nuvolari's day, but also with the dashing spirit and fashion of the period in question. The new premises were created by joining up several separate spaces located in the old town center of Cuneo that formerly housed a cold-storage depot serving the nearby street market in Piazza Virginio. The first step of the remodeling scheme involved creating three openings in the wall dividing the two warehouses to create spatial and visual linkage between the table area and the room with the cocktail bar, after which a dividing wall was erected to cordon off the bar section from the service units and kitchen behind; this white-tiled service wall contained niches to contain the ranks of bottles and glasses for the bar. Being a private club, to qualify for a license to sell spirits required that the club room be screened off from the entrance, so this was done by means of a damasqued fabric antechamber, creating a diaphragm between the door and the club room. Some years after the first alterations were made, the owners opted for a new setup and commissioned the conversion to a joint cocktail bar and restaurant with the new name Nuvolari Mediterraneo, to highlight the new orientation of the restaurant's cuisine. Although many of the original ideas from the earlier 1987 redesign were irreversibly scrapped, the new layout has maintained the basic concept of the previous spatial arrangement. The kitchen was enlarged and some of the pre-existing niches in the perimeter walls were transformed into engaged cupboards; the little entrance chamber was removed as it was no longer legally required; while the red and white color scheme of the walls has abided as a reminder of the Rationalist aesthetic in honor of Gio Ponti, Adalberto Libera et al. The first project's spirit has also remained in the easy, unsophisticated furniture and use of materials such as veined Carrara marble replacing the earlier mosaic.

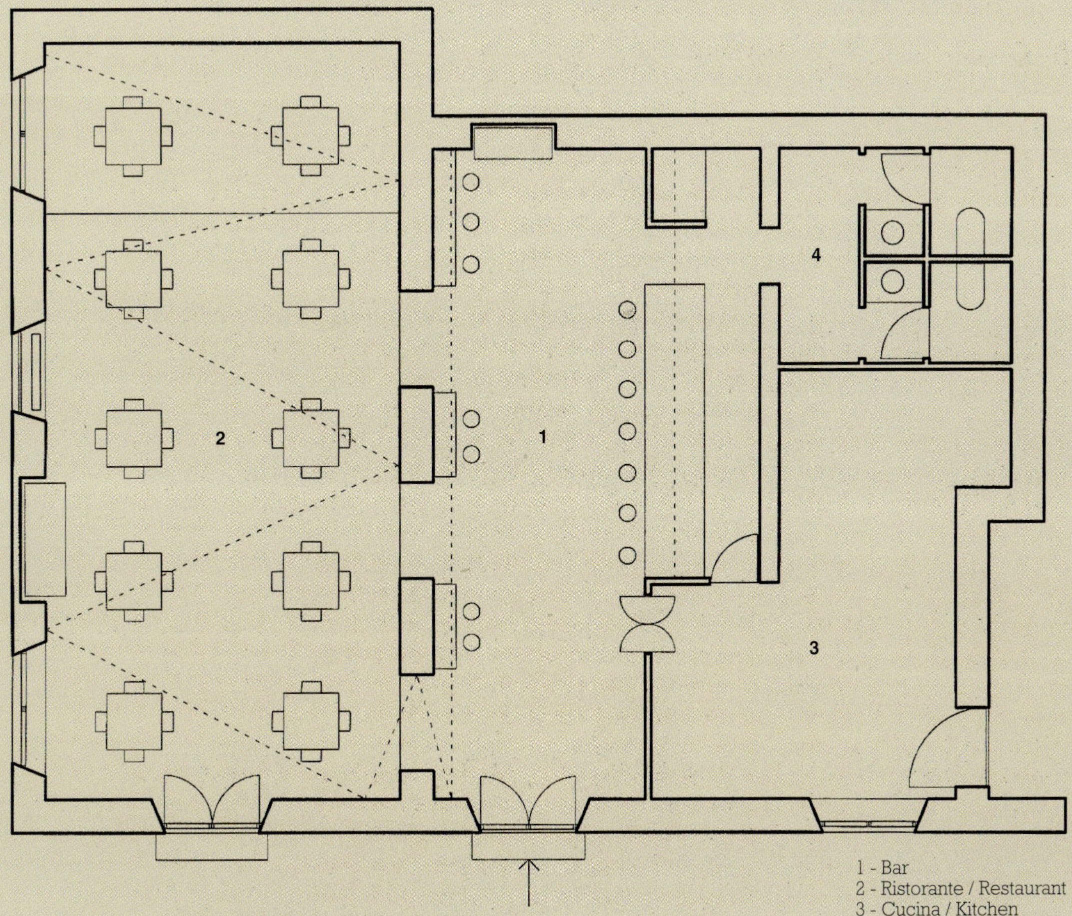


1 - Bar
2 - Ristorante / Restaurant
3 - Cucina / Kitchen
4 - Toilettes / Toilets

RITIRATA

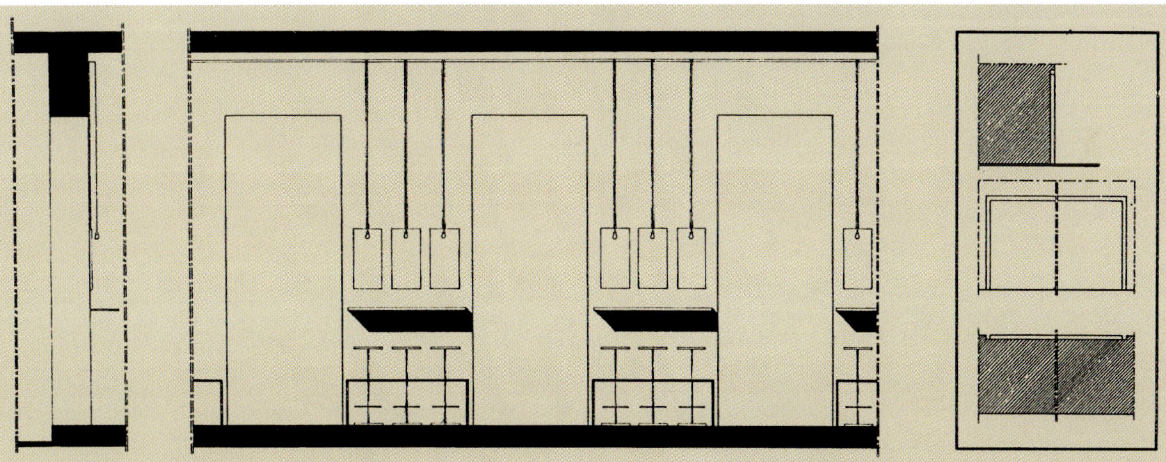

Prospetto della parete bar / Bar wall elevation

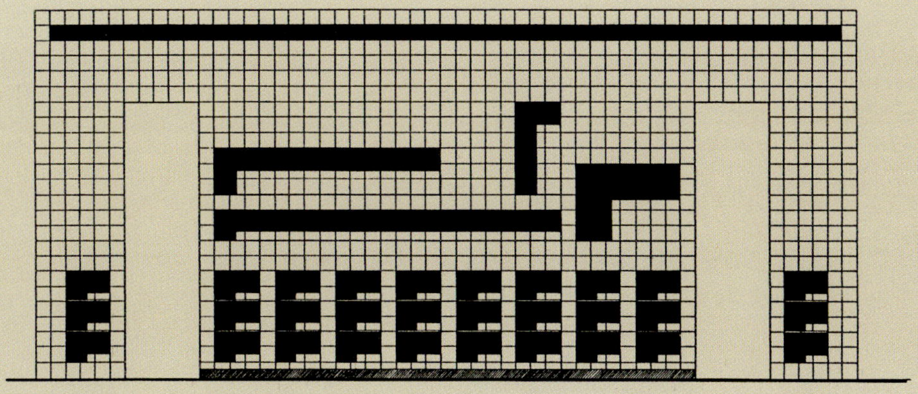

Prospetto del retrobanco / Back bar counter elevation (1987)

Studio d'Architettura

Simone Micheli

# PERONI MUSIC CAFÉ

## Castelfranco Veneto - TV

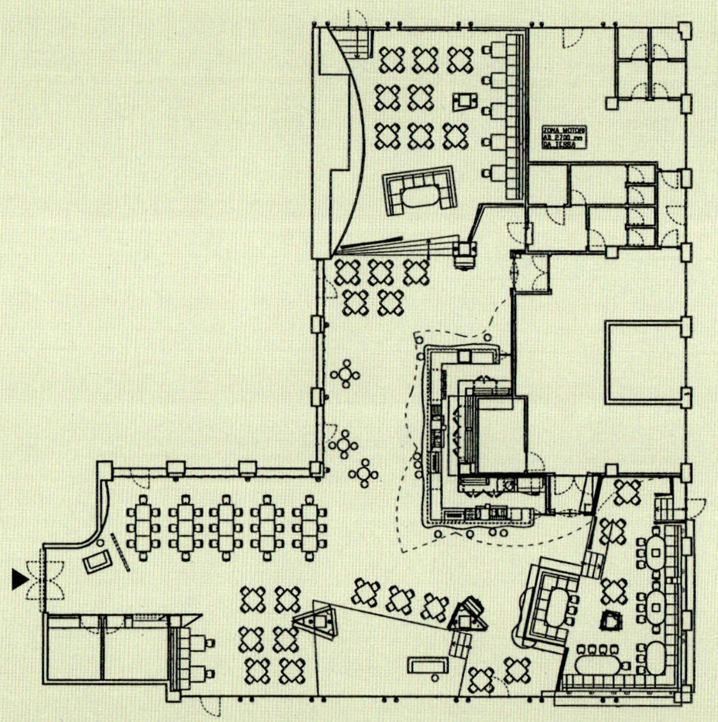

La storica azienda Peroni, fondata nel 1846 e divenuta un marchio internazionalmente conosciuto, ha messo a punto un progetto per la ristorazione in *franchising* che nasce dalla constatazione che non sempre l'offerta coincide con la domanda. Peroni Music Café è il nuovo concetto di locale che racchiude in sé tutti gli elementi vincenti dello stile italiano contemporaneo. Collocati preferibilmente nei capoluoghi di provincia, nei luoghi turistici e nelle città universitarie, i Peroni Music Café sono disegnati con un'immagine coordinata e riconoscibile attraverso un progetto dello Studio di Architettura Simone Micheli. La strategia progettuale prevede di realizzare un locale modulare, ripetibile, caldo, accogliente e di tendenza riferita a un *concept* di *italian style*.
Fortemente caratterizzato da grandi immagini fotografiche, schermi per la proiezione video e centrato sulla presenza del banco spina per mescita e intrattenimento clienti in attesa del tavolo, il *concept* prevede che ogni locale, destinato a bar ristorante, gestisca gli ordini mediante sistema informatico e sia sempre collocato in spazi di superficie maggiore di 250 metri quadri; solo in situazioni tipologiche di questo tipo il *concept* può declinarsi al meglio dal punto di vista funzionale e di immagine. Il progetto d'immagine coordinata dei Peroni Music Café è stato declinato nel locale di Castelfranco Veneto. I materiali degli interni ne definiscono il codice linguistico e assumono un ruolo chiave: pavimenti in legno di ciliegio e pareti trattate con colori eterogenei, controsoffitti sagomati in colore blu con apparecchi illuminanti a incasso e fari da teatro, rivestimenti in specchio con sabbiatura del marchio, banco bar in marmo di Carrara, acciaio e legno, tavoli con piani estensibili e sedute che riprendono i materiali di tutto il locale.

Founded in 1846 and now one of Italy's oldest and most renowned breweries, the Peroni beer company has long earned an international reputation as a trademark of quality. When the company merchandising office saw that supply does not necessarily fulfill the demand being expressed by the market, Peroni launched a new food franchise operation under the parent label. This new outlet, Peroni Music Café, offers a novel concept in catering that embodies all the winning features Italian design is known for worldwide. The franchise outlets are intended for location in regional capitals, tourist resorts and university districts, and share a coordinated marketing ID put together by the architects studio Simone Micheli. The project's strategy involves the production of customized modular interiors that express the practical flair and renowned appeal of Italian style. Standard features include an extensive use of poster-size photographs on the walls, video-projection screens, and a circulation spine along the main bar where patrons are kept entertained while waiting for a table; all the ordering is done via computer; all premises are upward of 250 sq.m so as to ensure the most effective and functional use of available space while maintaining brand identity. Peroni's flagship outlet at Castelfranco Veneto is the one where the new coordinated identity was first implemented. The materials used for the décor offer a key to understanding the stylistic idiom chosen: floors in cherry and walls with diverse color, deep blue styled ceiling bulkheads fitted with recessed lighting and theater spotlights, an extensive use of wall mirrors etched with the company logo, bar counter in Carrara marble, steel and wood, tables with fold-out leaves and a range of different types of seating made from the same materials used throughout the café.

PERONI
PERONI

MUSIC

Andrea Meirana

# PICCOLO BAR
Savona

L'intervento di questo locale si colloca, in termini di linguaggio, nel segno del minimalismo riproposto però, al di là del rigore, in relazione a elementi del repertorio teatrale che accentuano il loro carattere scenografico poiché racchiusi in uno spazio in cui è omesso il non essenziale. La teatralità è percepibile già nell'ingresso in cui una pesante tenda in velluto rosso, simile a un sipario di un palcoscenico ideale, si snoda su una parete trasparente con profili in acciaio aprendosi sull'interno.
Obiettivo del progetto è porre al centro della scena il barman e la ritualità delle sue azioni e di trattare tutto lo spazio in sinergia con l'esterno. Le ridotte dimensioni del locale e la pesante parete perimetrale di fondo, tipica degli edifici ottocenteschi, che lo racchiude suggeriscono al progetto di "sfondare" questa quinta e di occupare il cavedio trattando la parete come la tela di un quadro. In ricordo dei tagli di Fontana la parete è caratterizzata da numerose forature in cui sono inseriti fiori freschi che la rendono vivace e naturale.
Lo spazio interno è gestito con una scomposizione dei piani visuali calibrata tenendo in considerazione tutti i punti di vista sia dall'interno verso l'esterno sia viceversa. Ciò ha condotto a una secca inclinazione della parete che ritaglia lo spazio del servizio igienico e che fa convogliare lo sguardo e l'attenzione verso il punto focale della parete di fondo.
I materiali rispondono fedeli a un vocabolario minimalista: pochi, essenziali, ripetuti con declinazioni diverse delle finiture sono la "pelle" perfetta del linguaggio spaziale. Ad esempio il piano del banco bar in vetro biancolatte o le doghe in acciaio della parete inclinata riflettono e rifrangono le immagini e la luce rendendo l'interno in perenne movimento. L'esterno entra all'interno durante il giorno con la luce naturale mentre durante la notte un sistema di proiettori da teatro crea effetti luminosi evocativi e di intensa suggestione.
La scena che ne deriva è via via mutevole grazie ai materiali riflettenti, alla trasparenza dello spazio interno verso l'esterno, allo spazio più o meno abitato da avventori-spettatori intorno al banco bar.

In terms of design vocabulary, the refurbishment of this cocktail lounge applies a minimalist twist to elements plucked from the repertoire of stage design, whose visual potential is accentuated by having only enough room for the essentials. The emphasis on drama is announced by the deep red stage-curtain trained across the steel-framed entrance to the bar's interior.
The new arrangement showcases the barman and his acrobatics, while keeping the surrounding space in synergy with the exterior. The lack of elbow-room and the sturdy end wall typical of nineteenth-century building suggested the need to break through this apparently immovable barrier. The solution was to make use of the skylight shaft to reconfigure the wall as if it were a painted canvas. Echoing Fontana's hallmark perforations and gashes in his works, here apertures in the wall proffer fresh cut flowers, animating the vertical surface with a lively natural effect.
The layout has been adroitly reworked by dismantling the visual planes and reassembling them to take full account of the various view-lines from inside to outside and vice versa. This involved creating a sharply inclined wall cutting through the service unit that draws the eye and attention toward the vanishing point on the back wall.
The materials appropriately conspire with the minimalist stance adopted for the overall design, and comprise a handful of essential touches declined in a variety of ways, establishing a perfect support-skin for the spatial language adopted, as for instance, in the service top of the bar in milk-white glass, the slanting steel laths on the walls to reflect and refract what takes place in the bar, creating a sense of permanent movement. At night the outside penetrates the interior by means of a powerful system of floods that engender a striking scenario of brilliant contrasts. Given the extensive of use of reflecting surfaces, the scene shifts progressively from the transparent glimpse of the interior from the outside, to the denser inhabited space of the bar with its clusters of patrons enjoying their drink.

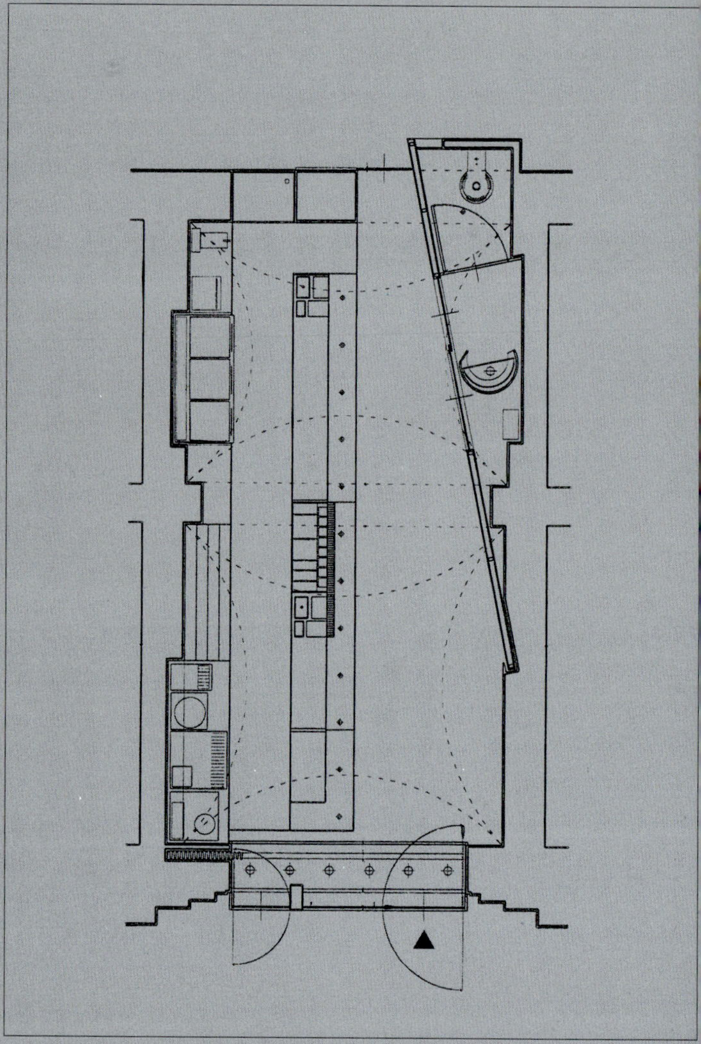

JOSE CUERVO
BACARDI 8

Franco Tagliabue

# RENTOUR CAFÉ

Como

RONTOUR
RONTOUR

Un locale piccolo nel centro storico di Como, a due passi dal lago ha una fisionomia assolutamente unica: integra due funzioni, caffè e agenzia turistica di rent operator, una formula diffusa in ambito internazionale ma piuttosto desueta nella realtà italiana. Il progetto dello spazio prevedeva di disegnare un interno contemporaneo ma consapevole e rispettoso della presenza della città storica. La sfida del progetto era quella di raggiungere un equilibrio tra la pulizia del segno e l'eleganza degli elementi inseriti e disegnati e la presenza delle componenti storiche, una sorta di miscela discreta fra sapori antichi e segni contemporanei. Lo spazio del caffè al piano terra e l'area dell'agenzia turistica al piano del soppalco sono uniti dalla presenza di due enormi finestre virtuali sul mondo, un megaschermo e una serie di monitor che già dall'ingresso dichiarano la forte valenza di comunicazione del locale. Lo spazio interno è strutturato in una sequenza di tre vani distinti da portali in muratura. Il primo accoglie sulle due pareti curvilinee due Internet point, il secondo con il soffitto a cassettoni, vede protagonista il banco del bar e la zona di sosta del caffè, mentre il terzo vano è uno spazio più appartato con la scala di accesso al piano del soppalco.
La forza del progetto architettonico si svela nel trattamento dei tre ambienti uno dentro l'altro: il primo "compresso" tra due pareti curve, il secondo dilatato e aperto, l'ultimo, più privato, scandito dalle due colonne in metallo che filtrano il percorso verso il soppalco.
La tavolozza dei materiali è declinata in assoluta coerenza rispetto agli obiettivi del progetto. Legno, acciaio e cemento sono i protagonisti, le componenti d'arredo sono disegnate in chiave contemporanea con tratti essenziali ma accoglienti e rassicuranti, essenziali ma mai freddi. Elemento vincente dell'insieme è il progetto della luce. L'obiettivo da raggiungere era difficile per la diversità di esigenze illuminotecniche delle due zone e il progetto è stato sviluppato con un'attenta regia non soltanto della luminosità ma anche delle proiezioni di immagini su schermi e video in relazione alla presenza sonora.

This neat little coffee-shop set in the heart of Como's old town center, a stone's throw from the town's famous lake waterfront, offers the utterly unique combination of a coffee-shop and agency for rental holiday properties, a formula which though fairly common abroad is something of a novelty for Italy. The complete redesign of the interiors envisioned an installation with an upbeat contemporary flavor that would nonetheless avoid jarring with its historic context. To do this it was necessary to devise an adequate means of dovetailing the various new elements with the existing fabric, thereby establishing a discerning interplay between the original features and the new additions. The coffee-shop proper arranged on the ground floor and the tourist facilities on the mezzanine story above are joined visually by two towering "virtual windows" – a huge video screen and a series of smaller monitors that make an assertive visual statement over the entire ambience. The premises are distributed through three distinct rooms divided by masonry archways. The first room harbors a row of Internet points accommodated on a curved wall; the second has a coffered ceiling and houses the service counter of the coffee-shop and relative seating area; the third and smallest of the three spaces contains the staircase up to the mezzanine travel section. The hallmark of the interiors is the way in which these three spaces interlock with each other, the first "squeezed" between two curved walls, the second wider and more open, the third a more enclosed, private space ranged with two metal columns that channel the customer toward the staircase leading up to the mezzanine. As with the spatial arrangement, the materials and color scheme conform closely with the overall stiling with its accent on wood, steel, and cement, complemented by coordinated furniture of modern design that is essential without being impersonal. A strong cohesive force is provided by the lighting system, which was orchestrated to overcome the distinct variances of illumination required for each room, with general ambience diffusers contrasted by more concentrated lighting to illuminate the video projection areas.

cafe

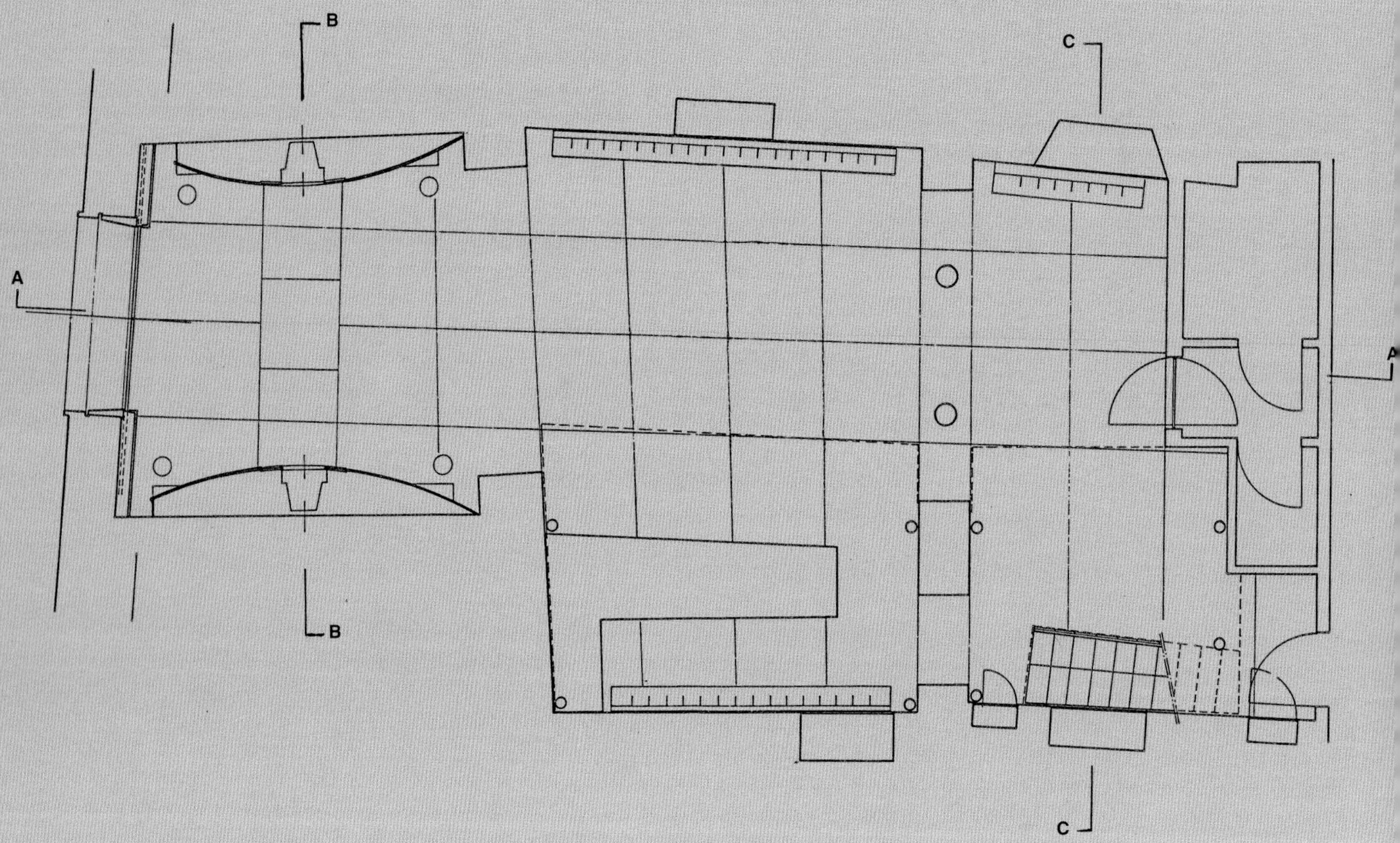

Sezione longitudinale / Longitudinal section A-A

Sezione trasversale / Transversal section B-B

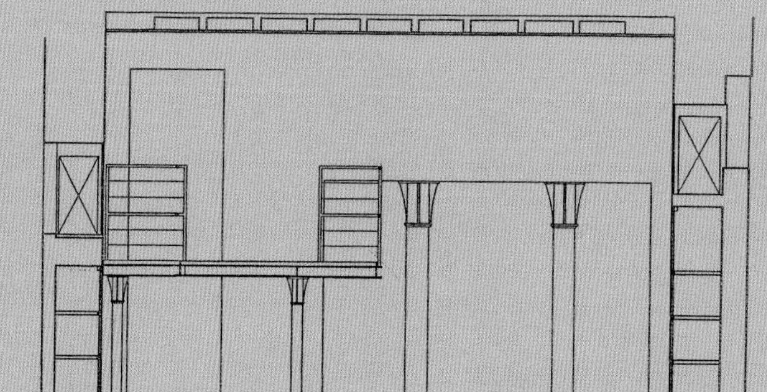

Sezione trasversale / Transversal section C-C

Studio Ciccotti

# THE GLOW

## Roma

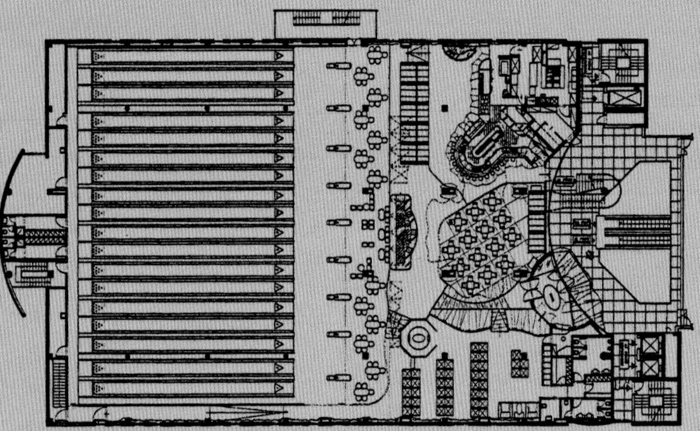

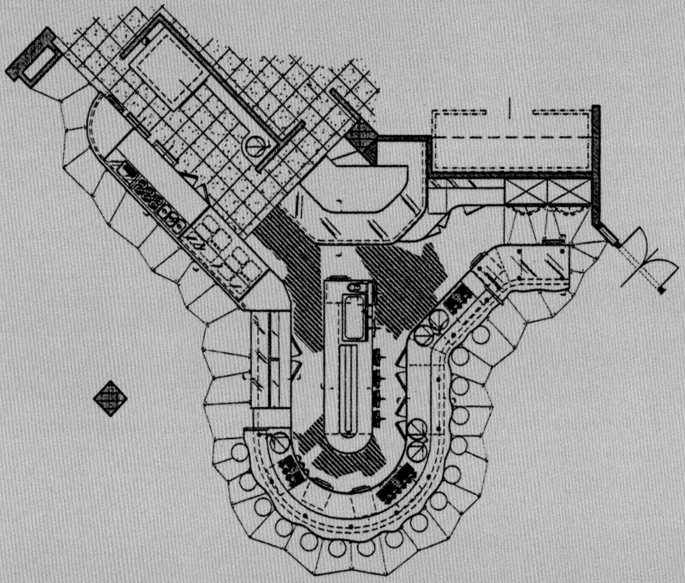

Pianta del banco bar
Bar counter plan

La formula è d'importazione americana anni Cinquanta, un bar associato al gioco del bowling, mentre l'immagine fluttua tra eclettismo e scenografie d'oltreoceano. Il locale si apre su un *mall* a cui si accede dai piani sottostanti e si presenta con una parete in pietra, un segno pesante con uno squarcio trasparente sull'interno e con la presenza dichiarata dei video che si ritroveranno massicciamente nelle zone d'intrattenimento. Lo spazio è suddiviso in due aree distinte, il bar e il gioco come si conviene a questa tipologia di luoghi dell'intrattenimento. La zona principale dei tavoli è delimitata da quattro grandi colonne che, inglobando i pilastri strutturali, sono trattate come dei fuori scala con un rivestimento in acciaio che genera una forma svasata verso l'alto. Non solo, ma nel rivestimento sono incassati dei video che contribuiscono a sottolineare la centralità dell'area. La seconda zona dei tavoli è più defilata, verso il banco del bar, ed è risolta con panche e tavoli in linea. Aree diverse si articolano nello spazio ma senza filtri di separazione; la suddivisione è visiva, data dalle tipologie di arredo, dalle finiture e dal trattamento del soffitto. Con un effetto di tessuto goffrato spruzzato di colore, il controsoffitto s'interrompe dove ingloba le attrezzature tecniche della luce risolte con travi americane e proiettori da scena. L'effetto è teatrale con penombra e luce a squarci oppure diffusa nelle aree più defilate.

Il progetto declina i materiali di un linguaggio *high-tech* ormai consueto e proprio dell'immaginario collettivo associati a finiture e decori più naïf, a volte pop. Ad esempio il tessuto maculato delle panche riproposto anche in alcuni dettagli dei bagni si associa al rivestimento tigrato delle sedute centrali che colloca l'immagine del locale tra le tendenze del design e della moda.

Taking its formula from a phenomenon common in the States in the 1950s, by which the classic cocktail lounge was coupled with a bowling alley, this new bar design wavers between pure eclecticism and the American taste for glamour. The venue gives onto the concourse of a shopping mall and is accessed from the lower floor over which a solid wall pierced by a large see-through breach allows a view inside of the multitude of video screens over the lounge floor. The interior comprises two types of ambience, the bar proper and the "play" areas. Marking off the main seating area arranged with tables are four overscaled columns encasing the building's load-bearing piers in a tapering sheath of steel and equipped with video screens, establishing a cogent visual focus. A more linear conformation is adopted in the vicinity of the bar, with a serried bench-seating and table arrangement. Despite their functional distinction, the different areas mesh together with ease, their subdivision being a purely visual one expressed through changes in the furnishing, fixtures and ceiling treatment. The lowered ceiling clad in a fabric with an embossed effect splashed with color is interrupted by the lighting plants composed of girders hung with stage floodlighting to give a strident theatrical mood of heavy shadows surrounding pools of light, but with a warmer, more diffuse lighting arrangement over the seating areas. All in all, the design vocabulary panders to the overtly high-tech idiom that has become the norm with night venues, and is combined here with fixtures and décor of a naïf tone, with the occasional Pop Art insert – notably the spotted pattern of the sofa upholstery, which crops up again in the bathrooms in association with the tiger-stripe fabric of the central seating, securing The Glow a place in the mainstream of popular décor.

Brunswick
Bowling

GLOW

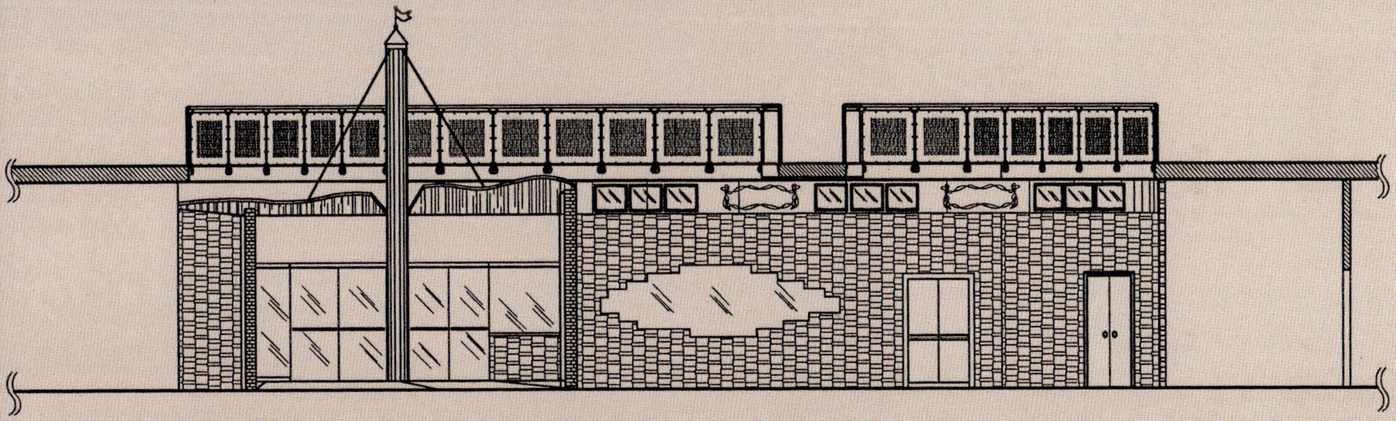

Facciata d'ingresso al bowling / Bowling entrance elevation

Prospetto del banco bar / Bar counter plan

GLOW

# THE STONE

Roma

Un locale situato al piano seminterrato di un vecchio edificio nel centro storico della capitale pone un primo problema di progetto che riguarda il collegamento tra il piano della strada e il livello inferiore. La scala d'ingresso assume la connotazione di un segno organico, accogliente e intrigante che conduce i visitatori da sopra a sotto inducendo a superare la naturale avversità a scendere e per accedere a piani sotto il livello della strada. L'intervento riguarda la trasformazione di una ex pizzeria e ristorante tex mex in un locale di tendenza per un *target* giovanile in cui il *brief* di progetto prevedeva il riutilizzo di una parte dell'allestimento fisso pur rinnovandone totalmente l'immagine. Con l'obiettivo di valorizzare il più possibile l'arredamento della sala il progetto ha previsto di scurire le volte e le pareti con una vernice d'alluminio e di riportare gli archi in tufo a vista. *Boiserie* e pavimenti in legno esistenti sono stati completamente rinnovati nella finitura, mentre gli arredi – bancone, tavoli, sedute – sono stati disegnati e selezionati con un'immagine leggera e in contrasto con l'involucro murario dai toni scuri.
Il progetto dell'illuminazione esalta il contrasto tra contenitore e contenuto con un effetto teatrale e scenografico che si coglie già dall'ingresso, perfetto sia per la ristorazione sia per il dopo cena.

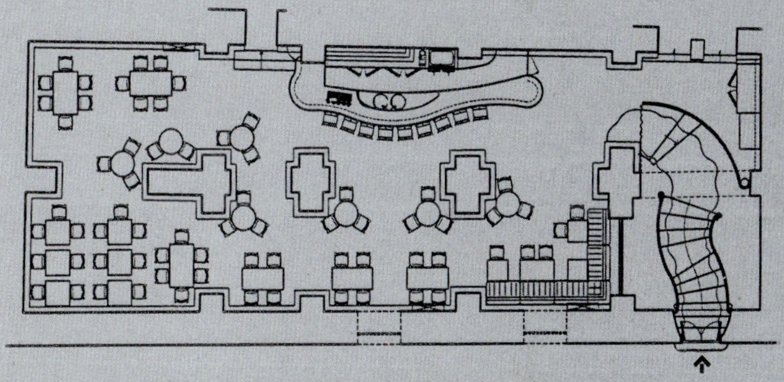

Situated in the cellar of an old office building in the historic downtown of Rome, this conversion to a cocktail lounge had to immediately tackle the fundamental problem of linkage between the street level and the interior. A bright, intriguing stairway with a somewhat organic look ushers patrons downward into the depths of the building. The project involved revamping a former pizzeria and Tex-Mex restaurant into an entirely new venue appropriately retargeted to Rome's night crowd. The project brief included instructions to adapt some of the fixtures left over from the previous installation, while creating an environment with a wholly novel identity. In order to make the best use of the rooms' existing fixtures the vaults and walls were treated with an aluminum coating, and the original tufa arches were rehabilitated to their raw state. The existing wainscoting and wooden floors have been carefully renovated, while the furniture – counter, tables, and chairs – are all custom-designed to conform to an essential, lightweight look in direct contrast with the overall dark tones of the raw building shell. On a similar basis, the illumination is devised to point up the contrast between container and the installation, creating an unmistakable dramatic effect right from the entrance that is equally inviting for either a full meal or just an after-dinner drink.

Studio Ciccotti

# TIME OUT

Civitavecchia - RM

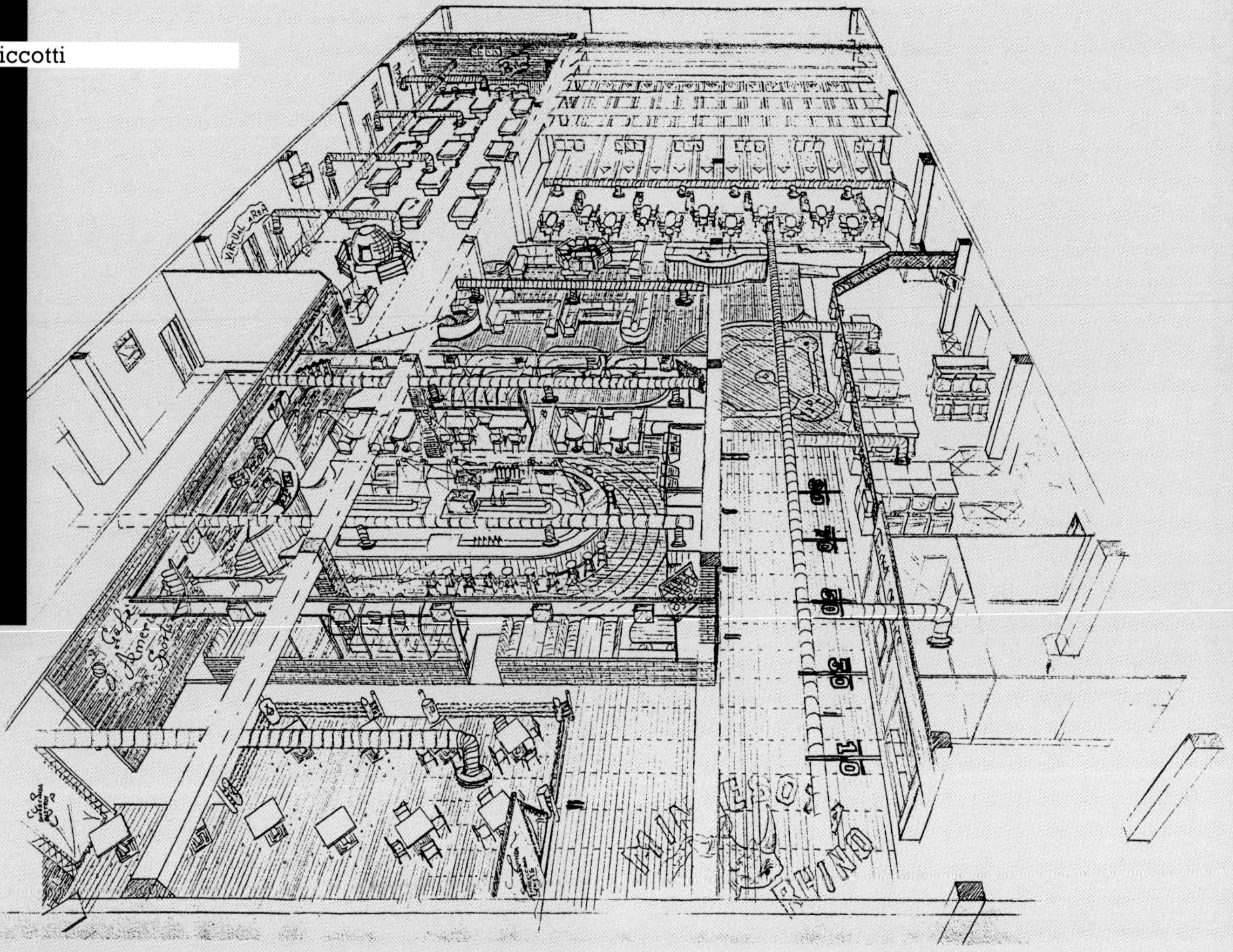

Vista assonometrica / Axonometric view

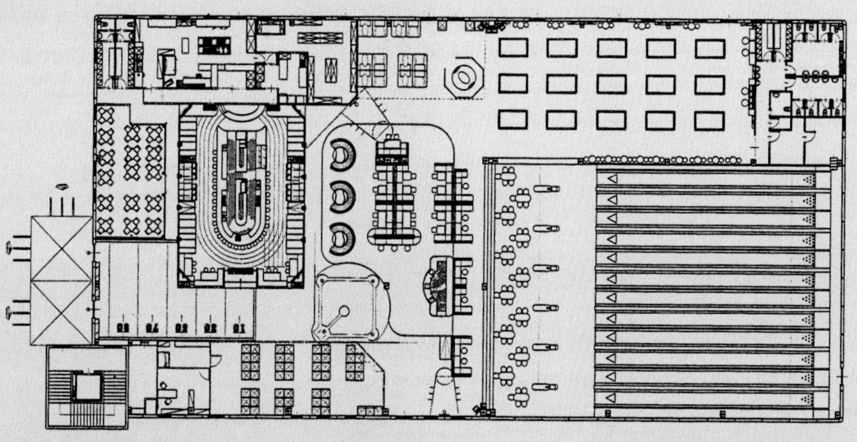

Indifferente al contesto e all'involucro architettonico il progetto di questo bar-ristorante si definisce attraverso un *concept*: gli sport americani e gli elementi evocativi del mondo sportivo dei campioni che appartengono all'immaginario collettivo giovanile. L'allestimento è inconsueto, vicino ad alcuni progetti americani come il Niketown building di New York e mette in scena alcuni spaccati di altrettanti campi e luoghi dello sport. Il grande banco del bar, ad esempio, segue, con la sua geometria allungata e arrotondata, la grafica della suddivisione di campo a pavimento mentre una delle zone dei tavoli è trattata come un ring per la box oppure la zona centrale dei salottini adotta sedute simili a giganti guanti da baseball con un'operazione di trasposizione di scala particolarmente efficace. La caratterizzazione dell'immagine non esula da un'efficiente organizzazione funzionale degli spazi e degli arredi sui 2200 metri quadri del locale che, oltre al servizio di ristorazione bar, offre la possibilità di giocare a bowling, a biliardo, con i videogiochi. Il banco del bar è posizionato a ridosso della cucina e le aree di ristorazione e *beverage* sono collocate intorno a esso mentre le aree di intrattenimento-gioco sono più periferiche rispetto al centro. Un *concept* così fortemente caratterizzato non poteva prescindere dall'estensione del progetto all'immagine coordinata di tutti gli elementi che concorrono a definirla. Il logo, le divise del personale, il menù fino alle tovagliette su cui mangiare rispondono in maniera coerente alla richiesta.

Quite oblivious both to its context and to the architectural shell that contains it, the design of this combined restaurant and cocktail lounge pivots on a precise visual concept, and that is the national sports of the United States and the entire culture and imagery of the world of championships engraved on the collective consciousness of the American people. The installation is decidedly unusual and its concept approaches those adopted for similar interiors such as the Niketown building in New York, whose basic idea is to provide a series of close encounters with various popular American sports. The large bar unit extends into the main area in an elongated curve with "lanes" marked out on the floor like a running track; one seating area is penned in like a boxing ring, another is accoutered with thick cushioned upholstery like a baseball glove, all creating a great sense of variety throughout the hall. Despite this imaginative approach, there is no loss of functional efficiency of a floor area which covers a total of 2,200 square meters – and besides enjoying its restaurant and bar, customers can play bowling, billiards, and videogames. The bar counter is set alongside the kitchen with the restaurant and soft-drinks bar nearby, leaving the games areas to occupy the perimeter of the premises. Predictably, given the carefully planned concept of the place, the overall project criteria have been applied to the logotype, the staff uniforms, the menus and serviettes, all carefully calibrated to convey a single, coordinated identity for the entire place.

AMERICAN CHAMPIONS LEAGUE

Coca-Cola
Coca-Cola
Coca-Cola
PRIVATE
Coca-Cola

Luisella Dutto
Michela Giuggia

# TRUCKSTOP

## Villanova d'Asti - AT

Situato in prossimità dell'uscita autostradale di Villanova d'Asti, un edificio degli anni Sessanta, su due piani, è stato trasformato in luogo di sosta e di ristoro per camionisti. Lo spazio circostante è stato organizzato per la distribuzione del carburante e per il parcheggio degli autotreni filtrato rispetto all'interno da un'area definita *dehors* articolata in spazi coperti e aree verdi. Più radicale è il progetto degli interni disegnato su un filo conduttore: la visione della realtà attraverso il movimento dello spazio. Le immagini che traducono questa visione divengono il tramite e la memoria del viaggio: verso l'esterno sono indicatori di un percorso mentre all'interno divengono stimoli visivi. L'interno è pensato come un contenitore neutro scansito da pannelli che articolano le diverse aree attraverso il colore, la grafica e le icone. I pannelli, concepiti come schermi leggeri, sollevati da terra e mai alti fino al soffitto, permeabili alla vista e alla luce sono i segni distintivi dello spazio. Al piano seminterrato sono organizzati i servizi, la lavanderia a gettoni, gli spogliatoi per il personale, tutti contraddistinti da cromie diverse per una migliore riconoscibilità. Questo piano ospita inoltre le zone relax e d'intrattenimento e quelle destinate alla comunicazione. Da qui si accede al self-service organizzato su due piani in comunicazione tra loro da una scala in metallo. Il primo piano è organizzato con la stessa logica spaziale e ospita una parte del self-service, i relativi servizi e l'atrio di accesso agli uffici esistenti.

Situated not far from the motorway turn-off for Villanova d'Asti, this building constructed in the 1960s on two floors was completely transformed as a stopover café and diner for truck drivers. The perimeter of the plot of land on which the property stands is arranged as a filling station and truck park; this surrounds a sort of buffer zone equipped with outdoor seating facilities and greenery. The radical facelift applied to the interiors of the building proper pivots on how our vision of reality changes through movement in space. The imagery used to convey this idea are various indicators and visual reminders of the experience of travel: toward the outside these offer forms of standard signposting, while inside they become distinct visual cues. The interior is a soft and neutral environment divided up with screens of translucent paneling in a variety of colors, with signage, graphics and icons. Deliberately unobtrusive, these panels finish short of both ground and ceiling, creating a field of ethereal screens. The service facilities are lodged on the downstairs floor, complete with washrooms, a coin-op laundromat service, and the staff changing rooms, all color-coded for easy differentiation. This floor also houses the relaxation area, a small games room, and telephone booths. From here one reaches the self-service restaurant on two floors linked via a metal staircase. The first floor is arranged according to the same organizational logic and hosts part of the self-service cafeteria, related service units, and the foyer accessing the offices.

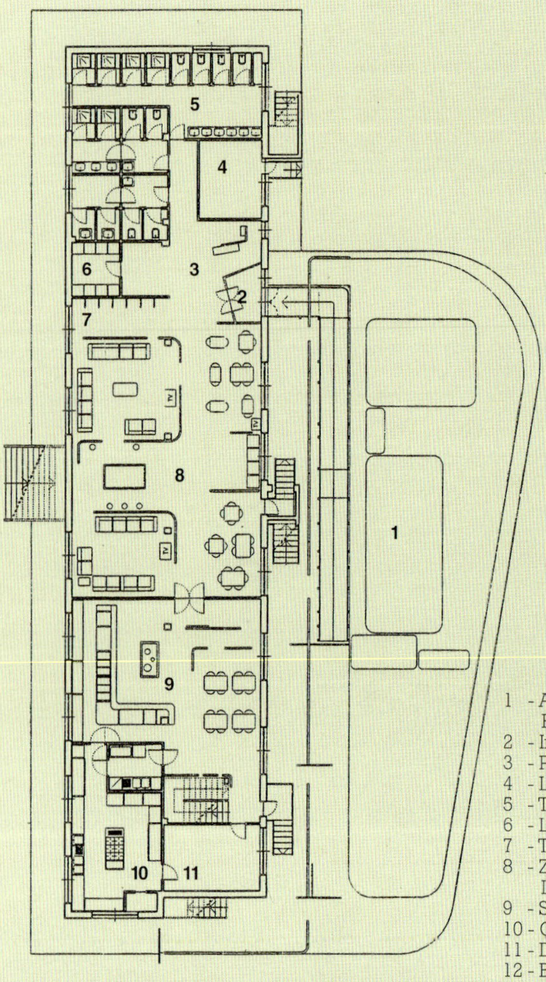


Interrato / Basement floor

1 - Area esterna per servizi e verde
External planted and service areas
2 - Ingresso / Entrance
3 - Punto vendita / Sales point
4 - Locale tecnico / Plant
5 - Toilettes / Toilets
6 - Lavanderia / Laundry
7 - Telefoni / Phones
8 - Zona relax con biliardo e TV
Lounge with billiard table and TV
9 - Self-service / Self-service cafeteria
10 - Cucina / Kitchen
11 - Dispensa / Pantry
12 - Bar / Bar
13 - Atrio / Lobby

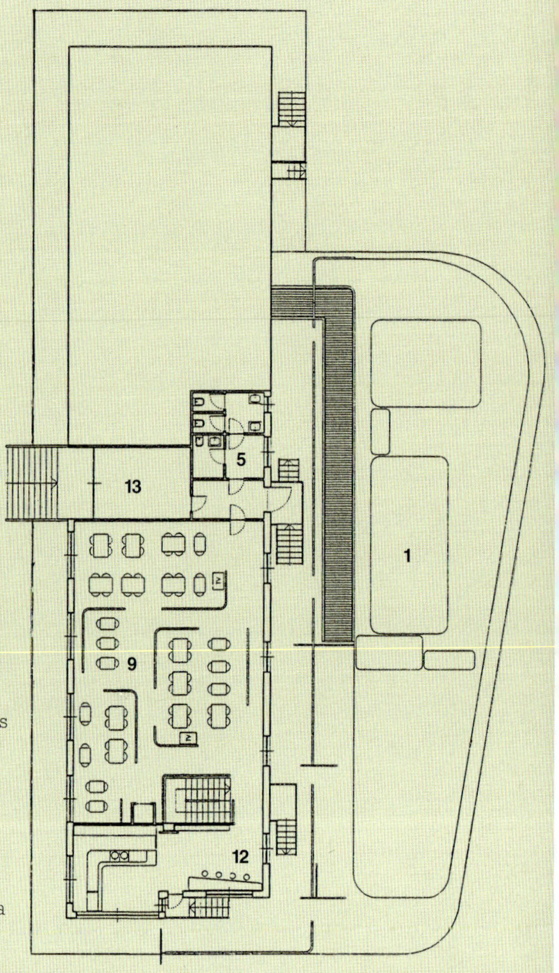


Piano rialzato / Mezzanine floor

Office
Ufficio
Despacho
self service
self service
self-service
self service
zone repos
relax area
zona relax
zona de descanso
douche
shower
docce
ducha
toilette
wc
wc
baño
laundry
lavanderia
lavanderia
point vente
point of sale
punto vendita
punto de venta
téléphone/fax
phone/fax
telefono fax
teléfono/fax

giochi
self-service
bar
zona relax
docce
wc
lavanderia
téléphone/fax
telefono fax
teléfono/fax

jeux
games
giochi
Spiele
juegos
self service
self service
self-service
Selbstbedienungsrestaurant
self service
café
coffee
bar
Café
café
zone repos
relax area
zona relax
Entspannungsecke
zona de descanso
douche
shower
docce
duschen
ducha
toilette
wc
wc
Toiletten
baño
laverie automatique
laundry
lavanderia
Wäscherei
lavanderia

self service
self-service
self service
self service
Selbstbedienungsrestaurant

self service
self-service
self service

Studio Simonetti

# ZAPPING

Riccione - RN

*Zapping* è un termine entrato nel vocabolario corrente per identificare quel comportamento che induce a cambiare, con incessante velocità i canali televisivi o di comunicazione. Zapping è, dunque, legato al tema dell'esplorazione dei network delle comunicazioni e, dando il nome a questo video pub, lo caratterizza come luogo dell'intrattenimento in relazione con il mondo, in tempo reale. L'esperienza che si vive allo Zapping è un'esperienza globale di chi guarda ai mutamenti sulla terra come se fosse su un'isola nello spazio.
L'allestimento degli interni pone tre temi di progetto: il disegno di una scenografia che nega l'involucro ridisegnando la fodera interna con un andamento organico, morbido, accogliente, la massiccia presenza di video che crea un senso di spaesamento nel tempo e nei luoghi tipico della dinamica della comunicazione globale e il tema del colore nell'architettura degli interni.
La fodera interna dello spazio è completamente artificiale e si configura come una superficie curvilinea che segue l'idea del progetto di costruire un'architettura nell'architettura indifferente al *genius loci*.
L'impiego della tecnologia multimediale genera un nuovo senso di percezione dell'immagine e del colore. Colore e comunicazione sono inscindibili e il colore diventa veicolo primario d'informazione assumendo una valenza peculiare. La stessa radice etimologica del termine colore deriva dal latino celare, nascondere. Associato, quindi, al concetto di fodera interna il colore non fa che rafforzare la nuova scena costruita, l'inconscio collettivo ne fa un archetipo imprescindibile. La scenografia degli interni è teatrale e suggestiva, prevalentemente scura con colpi di luce sulle due grandi colonne che diventano il fulcro della zona del bar. I soffitti sono trattati come un cielo blu, denso di nuvole, su cui si staglia il profilo dei continenti realizzati con un materiale rifrangente: una presenza familiare e rassicurante, un punto di riferimento per non perdersi nel *net surfing*.
Lo spazio è articolato secondo un senso di circolarità che ha come centro il bar, la cassa e la regia video e attorno a cui si organizzano le diverse aree dei tavoli collocate su pedane a quote diverse; pedane con una geometria curvilinea che si relazionano con altrettante sagome ribassate a soffitto, una soluzione questa che permette di riproporzionare i volumi e le altezze. Il progetto delle aree a quote differenziate contribuisce a generare un effetto coagulante tra i diversi piani orizzontali e verticali, pavimenti, pareti e soffitti, così da definire un contenitore strettamente legato al suo contenuto di attrezzatura e arredo. Nel progetto il disegno del contenuto arriva alla scala minuta dell'oggetto come nella zona del bar in cui alla balaustra sono integrate le lampade disegnate secondo un'ironica operazione di *ready-made* che utilizza innumerevoli diapositive come diffusori contribuendo a creare continui mutamenti negli effetti della luce e delle atmosfere della notte.

The modern obsession with hand-held remote controls and the jittery habit of repeatedly jumping from one television channel to another, commonly known as zapping, enables today's explorers to delve into the vast network of the world's media from the comfort of their armchairs, barely lifting a finger, and all in real-time. Whence the name chosen for this lively video-pub in the busy resort of Riccione on the Adriatic coast. As one would expect, the experience offered by this high-octane drinks venue is of a distinctly "global" nature, in which the changes around the world are observed as if from a remote point out in space.

The inner lining created by the décor is entirely artificial, and develops as a curvaceous surface that conforms faithfully with the concept of interior design as a form of architecture-within-architecture that pays little or no heed to the genius loci. The extensive inclusion of multimedia facilities generates a new dynamic sense of image and color, which in this case is inseparable from visual communication and assumes a distinguished role as the primary vehicle for conveying information. Etymologically speaking, the word color has the same root as the Latin *celare*, meaning "to conceal." Hence this knowing combination of color and concealment deftly reinforces the concept of décor as an inner lining, created here as a virtual film or stage set devised to physically embody the inevitable archetype of the collective subconscious. With this idea in mind, the set thus created is therefore intended to establish an intensely dramatic atmosphere of darkness contrasted by bright surges of light on the columns, which consequently become the fulcrum of the bar zone. The ceilings are contrived to resemble blue skies strewn with fluffy white clouds and embellished with protruding outlines of the world's continents that are given a polished, reflecting finish. The outcome is an ambience of reassuring familiarity in which customers can enjoy their net-surfing activities. The layout fans out in a sweeping circular gesture around a central section equipped with a bar and cash desk, and a video control booth.

Splayed around this are various separate split-level seating and table areas; the raised levels describe curved zones whose shape is reiterated in the lowered ceilings, which thereby help to compensate for the variance in room height. This way of establishing a distinction of zones enhances and helps mesh the various horizontal and vertical planes, floors, walls and ceilings, creating a container that is closely interwoven with the fixtures it contains. Close attention has been paid to integrating the varied aspects of the design, as in the bar, where the banister incorporates that particular area's lighting system and takes an ironic look at recycling and the reuse of existing objects, as in the slender slide-viewer stands doubling up as floor lamps whose colored inserts add to the general atmosphere of glittering night illumination.

AMERICANBAR
RESTAURANT
INGRESSO

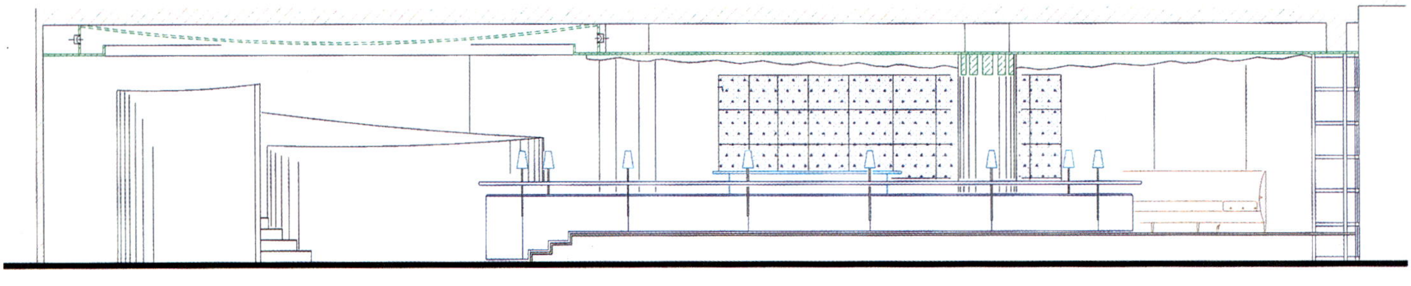

Sezione / Section A-A

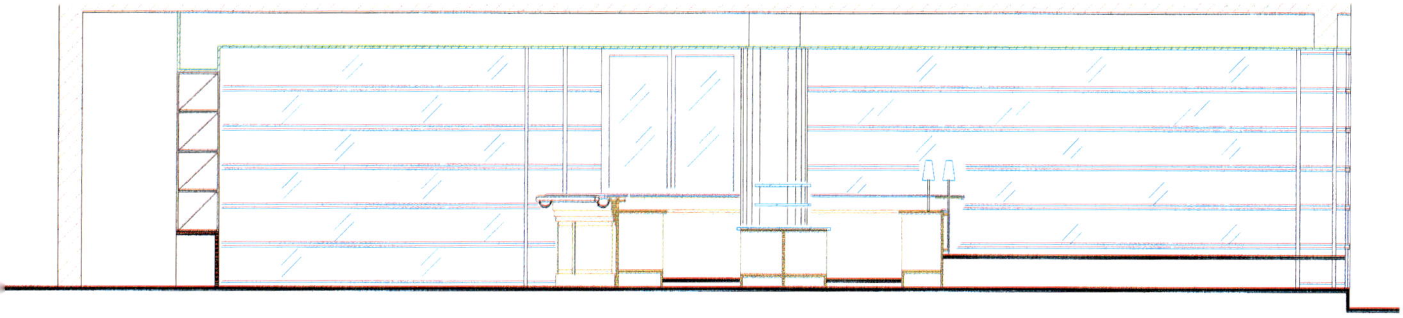

Sezione / Section B-B

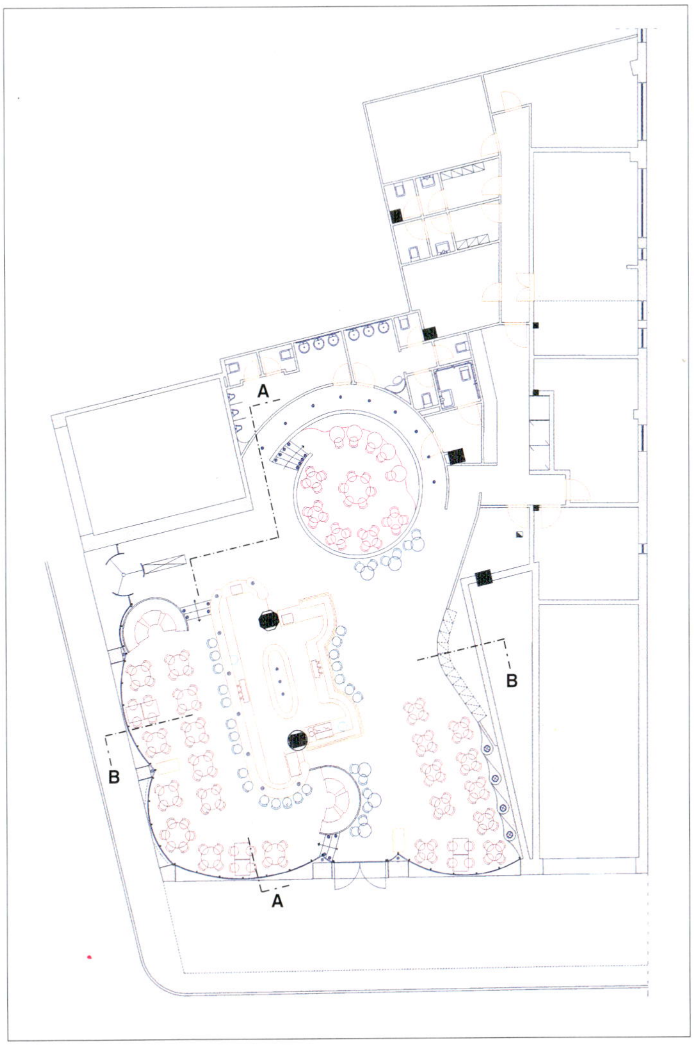
A
A
B
B

## REFERENZE FOTOGRAFICHE

p. 10: Emilio Conti (foto 6)
Paola De Pietri (foto 1)
Margherita Del Piano e Claudio Navone (foto 9)
Alberto Ferrero (foto 2, 4, 5)
Olimpia Lalli (foto 7)
Moggi e Tani (foto 8)
Romano Segna (foto 3)

p. 11: Emilio Conti (foto 2, 6)
Paola De Pietri (foto 4)
Margherita Del Piano e Claudio Navone (foto 1)
Alberto Ferrero (foto 3, 7)
Luigi Gariglio (foto 8)
Sandro Lanciotti (foto 5)
Studio Ciccotti (foto 9)

Emilio Conti: pp. 30/41; 124/133; 154/159; 194/203
Cozzi & Scribani: pp. 161/163
Paola De Pietri: pp. 76/85
Margherita Del Piano e Claudio Navone: pp. 24/29; 90/91, 93/95
Alberto Ferrero: pp. 42/49; 55/57, 59/61; 62/65, 68/69; 102/107; 164/171; 204/213
Luigi Gariglio: pp. 116/123
Beppe Gernone: pp. 86/89
Olimpia Lalli: pp. 96/97, 99/101; 134/139
Sandro Lanciotti: pp. 108/115
Vittorio Mazzola: pp. 50/53
Moggi e Tani: pp. 148/153
Angelo Nitti: pp. 134/139
Simone Parri: pp. 12/17
Matteo Piazza: pp. 18/21, 23; 140/141, 143/147
Romano Segna: pp. 178/183
Studio BBM: pp. 172/175, 177
Studio Ciccotti: pp. 70/75; 184/189; 191/193